STUDENT ACTIVITIES MANUAL
(Workbook/Lab Manual)

IMAGINEZ

le français sans frontières

cours de français intermédiaire

Mitschke

VISTA
HIGHER LEARNING

Boston, Massachusetts

ISBN-13: 978-1-60007-159-1
ISBN-10: 1-60007-159-7

3 4 5 6 7 8 9 BB 12 11 10 09 08

Introduction

Completely coordinated with the **IMAGINEZ** Student Textbook, the Student Activities Manual (SAM) for **IMAGINEZ** provides you with additional practice of the vocabulary, grammar, and language functions presented in each of the textbook's ten lessons. The SAM will also help you to continue building your French language skills—listening, speaking, reading, and writing—both on its own and in conjunction with other components of the **IMAGINEZ** program. The SAM combines two major learning tools in a single volume: the Workbook and Lab Manual.

The Workbook

The Workbook activities focus on developing your reading and writing skills as they recycle the language of the corresponding Textbook lesson. Exercise formats include, but are not limited to, true/false, multiple choice, fill-in-the-blanks, sentence completions, fleshing out sentences from key elements, writing paragraphs, and answering questions. You will also find activities based on drawings and photographs.

Reflecting the overall organization of the textbook lessons, each Workbook lesson consists of **Pour commencer**, **Imaginez**, and **Structures** sections, in addition to a **Rédaction** section where you will concentrate on writing in a more focused and directed way.

The Lab Manual

The Lab Manual activities are designed for use with the **IMAGINEZ** Lab Audio Program MP3s. They focus on building your listening comprehension, speaking, and pronunciation skills in French, as they reinforce the vocabulary and grammar of the corresponding Textbook lesson. The Lab Manual guides you through the Lab Audio Program, providing the written cues—direction lines, models, charts, drawings, etc.—you will need in order to follow along easily. You will hear statements, questions, dialogues, conversations, monologues, and many other kinds of listening passages, all recorded by native speakers of French. You will encounter a wide range of activities such as listening-and-repeating activities, listening-and-speaking practice, listening-and-writing activities, illustration based work, and dictations.

Each laboratory lesson contains a **Pour commencer** section that practices the active vocabulary taught in the corresponding textbook lesson. It is followed by a **Structures** section that practices the grammar sections of each lesson. Each lesson ends with a **Littérature** section that plays the literary reading from the corresponding textbook lesson with comprehension activities.

We hope that you find the Student Activities Manual for **IMAGINEZ** to be a useful language learning resource and that it will help you increase your French language skills effectively and enjoyably.

*The **IMAGINEZ** author and the Vista Higher Learning Editorial Staff*

Table des matières

POUR COMMENCER

Leçon 1

1 **Équivalences** Trouvez les mots qui ont un sens similaire.

_____ 1. énerver   a. se marier avec

_____ 2. aimer   b. honnête

_____ 3. séduisant   c. tomber amoureux

_____ 4. épouser   d. agacer

_____ 5. franc   e. quitter

_____ 6. rompre   f. charmant

2 **À compléter** Complétez les phrases avec des mots ou expressions appropriés.

1. Quand on ne va pas à un rendez-vous, on _____ à quelqu'un.

2. Un couple marié qui s'entend vraiment mal peut choisir de _____.

3. Quand on vit avec quelqu'un sans être marié, on dit qu'on vit en _____.

4. _____ est la personne idéale qu'on recherche.

5. Quand un homme perd sa femme, dans un accident par exemple, on dit qu'il est _____.

6. Quelqu'un qui dépense peu d'argent et qui fait attention à ses finances est _____.

3 **À votre tour** Répondez aux questions par des phrases complètes.

1. Quelle est votre situation de famille? Êtes-vous célibataire, fiancé(e), marié(e)?

_____

_____

2. Décrivez votre personnalité à l'aide de trois adjectifs.

_____

_____

3. Décrivez l'âme sœur à l'aide de trois adjectifs.

_____

_____

4. Décrivez ce qui vous agace chez les autres à l'aide de deux adjectifs ou expressions.

_____

_____

5. À votre avis, quelles sont deux choses qu'il faut faire pour que dure une relation, amoureuse ou amicale?

_____

_____

IMAGINEZ

La France et les États-Unis (texte pages 12–13)

Vrai ou faux? Indiquez si les phrases sont **vraies** ou **fausses** et corrigez les fausses à l'aide de phrases complètes.

		Vrai	Faux
1. Cavelier de La Salle a exploré le Mississippi.		○	○
2. Antoine Cadillac a fondé la Louisiane en 1701.		○	○
3. Les Français ont aidé les révolutionnaires américains pendant la guerre d'Indépendance.		○	○
4. La France a offert la statue de la Liberté aux États-Unis en 1789.		○	○
5. La France est le premier partenaire commercial des États-Unis.		○	○
6. Catherine Deneuve et Audrey Tautou sont des actrices françaises appréciées aux États-Unis.		○	○

La francophonie aux USA

À votre tour Écrivez quatre phrases sur la photographie à l'aide de ces questions: Qui est-ce? Que savez-vous d'elle? Aimez-vous ses chansons?

_____

_____

_____

_____

_____

_____

_____

_____

_____

Galerie de créateurs (texte pages 16–17)

1 La peinture

A. Identifiez cette œuvre. Quel est le titre de la peinture? Qui est l'artiste? Dites une chose que vous savez de lui.

_____

_____

_____

_____

B. Regardez cette œuvre dans votre livre. Que représente-t-elle? Vous plaît-elle? Pourquoi?

_____

_____

_____

2 Questions

1. Quelle était la profession de Pierre Charles L'Enfant? Pourquoi est-il connu?

_____

_____

2. De qui George Rodrigue a-t-il peint (*painted*) le portrait?

_____

_____

3. Dans quel domaine Julia Child était-elle considérée comme l'ambassadrice de la culture française aux États-Unis? Décrivez-la en deux phrases complètes.

_____

_____

4. Qui est Philippe Starck? Citez (*Name*) une de ses créations.

_____

_____

3 À votre tour Quel autre francophone ou francophile est connu aux États-Unis? Expliquez pourquoi. Si vous ne connaissez personne, dites lequel des quatre artistes présentés vous intéresse le plus, et pourquoi.

_____

_____

_____

_____

_____

Workbook

STRUCTURES

1.1 Spelling-change verbs

1 **Lettres** Émilie décrit ses relations avec ses amis. Complétez les formes verbales.

1. Nous nous donnons souvent rendez-vous au restaurant et nous mang_____ ensemble.

2. Ma meilleure amie et moi, on partag_____ tout: les bons moments comme les mauvais.

3. Parfois, mes amis et moi, nous voyag_____ ensemble pendant les vacances d'été.

4. J'ess_____ d'être toujours honnête et franche avec mes amis.

5. Mes amis m'appel_____ souvent au téléphone pour me parler de leurs relations personnelles.

6. En juillet, nous projet_____ de tous nous réunir pour le mariage d'une amie.

7. De temps en temps, j'ach_____ des petits cadeaux à mes amis pour leur faire plaisir.

8. En tout cas, nous ne nous ennuy_____ jamais ensemble!

2 **À compléter** Complétez cette conversation entre deux amis avec la forme correcte des verbes entre parenthèses.

ARMELLE   Pierre, tu (1) _____ (préférer) aller au café ou au cinéma, ce soir?

PIERRE   Je ne peux pas sortir ce soir parce que je (2) _____ (répéter) avec mon groupe jusqu'à dix heures.

ARMELLE   Zut! C'est dommage!

PIERRE   Tu sais, les autres (3) _____ (amener) toujours des amis aux répétitions. Ça te dit de venir nous voir répéter?

ARMELLE   Oui, bonne idée! Tu es sûr que ça ne (4) _____ (déranger) personne?

PIERRE   Non, non, pas du tout. D'habitude, nous (5) _____ (commencer) vers six heures.

ARMELLE   D'accord. Sandra m' (6) _____ (emmener) au centre en voiture. Je vais aller au supermarché cet après-midi. Si tu veux, j' (7) _____ (acheter) des boissons ou des petits gâteaux.

PIERRE   Écoute, je demande aux autres membres du groupe et nous te (8) _____ (rappeler) pour confirmer. D'accord?

ARMELLE   D'accord. Alors, à plus!

3 **Définitions** On a demandé à plusieurs personnes de décrire leurs relations avec leur meilleur(e) ami(e). Complétez leurs réponses avec la forme correcte des verbes de la liste.

effacer	espérer	partager
s'envoyer	essayer	plonger

1. Mes amis et moi, nous _____ tous nos secrets.

2. Quand on a une dispute, ça ne dure pas longtemps. Après, nous _____ tout et nous repartons à zéro.

3. Mon meilleur ami et moi, nous avons la même passion: la mer. Nous _____ ensemble tous les week-ends.

4. Ma meilleure amie et moi, on _____ au moins dix e-mails par jour!

5. Mes amis _____ toujours d'être sensibles à mes problèmes.

6. Moi, je/j' _____ pouvoir toujours habiter près de mon meilleur ami.

4 **Quelle curieuse!** Dominique est très curieuse et elle pose beaucoup de questions à son amie Carine. Jouez le rôle de Carine et répondez aux questions à l'aide des mots entre parenthèses.

> **modèle**
>
> Carole et Hugues ne t'appellent pas souvent? (si; Carole)
> *Si, Carole m'appelle souvent.*

1. Ton petit ami et toi, vous projetez bien un week-end à la campagne avec Luc, non? (non; Marine)

_____

2. Ta meilleure amie rejette toujours les garçons peu mûrs? (oui; elle et moi, nous)

_____

3. La mère de ton petit ami élève ses enfants? (non; ses grands-parents)

_____

4. Tes amis mènent une vie intéressante? (oui; nous... tous)

_____

5. Ton petit ami paie toujours le cinéma quand vous sortez? (non; nous... chacun notre tour)

_____

6. Ton petit ami et toi, vous commencez à parler de mariage? (oui; nous)

_____

5 **Questions personnelles** Répondez aux questions pour décrire vos relations avec vos amis.

1. Quand vous sortez ensemble, qui paie, en général?

_____

_____

2. Est-ce que vos amis et vous voyagez parfois ensemble?

_____

_____

3. Qu'est-ce que vos amis et vous ne partagez jamais?

_____

_____

4. Que faites-vous si un(e) ami(e) vous agace?

_____

_____

5. Est-ce que ça vous dérange parfois si un(e) ami(e) vous raconte tous ses problèmes?

_____

_____

Workbook

1.2 The irregular verbs *être*, *avoir*, *faire*, and *aller*

1 **Rien ne va!** Pierrick a des problèmes avec ses amis et sa famille. Complétez chaque phrase par la forme correcte du verbe **être**.

1. Ma fiancée _____ très jalouse!

2. Mes parents _____ fâchés contre moi parce que je leur ai menti.

3. Toi, mon meilleur ami, tu n'_____ pas toujours sensible à mes problèmes!

4. Mes amis et moi, nous _____ trop timides.

5. Moi, je _____ déprimé parce que j'ai des problèmes avec tout le monde.

6. Et vous, vous _____ inquiets en ce moment?

2 **En d'autres termes** Réagissez aux descriptions de ces personnes à l'aide d'une des expressions avec **avoir**.

avoir de la chance	avoir honte	avoir soif
avoir du courage	avoir de la patience	avoir sommeil

1. Le petit ami de Marina est séduisant, affectueux et très honnête.

   Elle _____!

2. Mes frères ont menti à tous leurs amis et maintenant, ils se sentent gênés.

   Ils _____.

3. Tu m'écoutes pendant des heures quand je te raconte mes problèmes.

   Tu _____!

4. Vous êtes rentrés chez vous très tard, hier soir.

   Vous _____, non?

5. Je vais commander deux bouteilles d'eau minérale au café.

   Moi aussi, j'_____!

6. Mon frère et moi, nous élevons nos trois petites sœurs depuis l'accident de nos parents.

   Vous _____!

3 **Un petit mot** Patricia et son mari ont des problèmes de couple. Complétez le petit mot que Patricia a écrit à son mari avec les formes correctes des verbes **être**, **avoir**, **faire** et **aller**.

Joël,

Je t'écris pour te dire que j'en (1) _____ vraiment marre de notre situation et que je ne

(2) _____ pas heureuse. Tu ne (3) _____ jamais rien à la maison et ce sont

les enfants et moi qui (4) _____ tout: le ménage, la cuisine, la lessive, etc. De plus, tu n'

(5) _____ jamais là et tes amis et toi, vous (6) _____ toujours quelque part:

Un jour, c' (7) _____ le match de foot au stade, un autre une sortie entre hommes... Vous

(8) _____ tous égoïstes et vous ne (9) _____ jamais attention aux besoins de

votre famille. Je t'assure que si tu ne changes pas, je (10) _____ te quitter!

4 **Demain** Madame Dumas est contrariée. Pour chaque situation, écrivez ce que dit Mme Dumas pour exprimer ce que les membres de sa famille vont faire demain. Suivez le modèle et utilisez le futur proche.

> **modèle**
>
> D'habitude: Laure ne fait pas son lit.
> Demain: *Laure va faire son lit!*

1. Tu ne fais jamais la vaisselle.

    _____

2. Nous n'avons pas encore fait nos valises pour le voyage à Paris.

    _____

3. Votre père ne fait jamais de shopping avec moi.

    _____

4. Les jumeaux ne promènent jamais le chien.

    _____

5. Je ne reste jamais calme.

    _____

5 **Que font-ils?** Dites ce que chacun fait d'après (*according to*) les descriptions. Utilisez une expression idiomatique avec **faire**.

1. Nous attendons devant le cinéma pour acheter votre ticket.

    _____

2. Paul et sa fiancée parlent de mariage, d'enfants et de leur avenir en général.

    _____

3. Nathalie nettoie la maison.

    _____

4. Tu es au centre commercial.

    _____

5. Je prépare le repas de ce soir.

    _____

6 **Ma famille** Décrivez, en quatre ou cinq phrases, les membres de votre famille, leurs activités et les endroits où vous allez souvent. Utilisez les verbes **être**, **avoir**, **faire** et **aller** au moins une fois.

_____

_____

_____

_____

_____

_____

_____

Workbook

1.3 Forming questions

1 **Le bon choix** Choisissez le bon mot interrogatif pour compléter chaque question et écrivez-le.

1. _____ qualité apprécies-tu particulièrement chez les autres?

   a. Quels   b. Quelle   c. Que

2. _____ se fiance avec Catherine?

   a. Où   b. Quand   c. Qui

3. _____ Sonya veut-elle quitter son mari?

   a. Qui   b. Avec quoi   c. Pourquoi

4. _____ est-ce que vous allez vous marier?

   a. Quand   b. Qu'   c. Lequel

5. _____ Julien parle-t-il?

   a. Combien   b. À qui   c. Qui

6. _____ de ces deux garçons préfères-tu?

   a. Lequel   b. Qui   c. Quel

7. _____ est-ce que Samia a vu le frère de Larissa?

   a. Où   b. Qu'   c. Combien

8. _____ de fois lui as-tu posé un lapin?

   a. Quand   b. Combien   c. Duquel

2 **Plus de formalité** Vous travaillez sur un sondage pour votre cours de français. Réécrivez les questions à l'aide de l'inversion.

1. Tu as quel âge?

   _____

2. Est-ce que votre meilleur ami rêve de rencontrer l'âme sœur?

   _____

3. Est-ce que vous aimez les gens enthousiastes?

   _____

4. Il y a des étudiants étrangers dans la classe, n'est-ce pas?

   _____

5. Est-ce que c'est bien d'être franc avec ses amis, à ton avis?

   _____

6. Qu'est-ce que vous pensez de l'union libre?

   _____

3 **Formulez les questions** Écrivez des questions à l'aide des éléments donnés. Le type de question à utiliser est indiqué entre parenthèses.

1. à qui / vous / faire confiance (inversion)

   _____

2. quand / vous / se sentir / déprimé (**est-ce que**)

   _____

3. Jeff / être / amoureux de / Pauline (intonation + **n'est-ce pas**)

   _____

4. Thomas et Anna / habiter / ensemble (inversion)

   _____

4 **Plus de détails** Posez des questions à l'aide des formes de **lequel** pour obtenir des précisions. Attention à l'usage et à la contraction de l'article!

> *modèle*
>
> Une de ces deux filles m'agace.
> *Laquelle t'agace?*

1. Géraldine parle sans arrêt d'un de ses voisins.

   _____

2. Nous allons au restaurant du coin.

   _____

3. Stéphane et Jean-Marc sont fanatiques de nouveaux sports.

   _____

4. Mon frère discute toujours avec la même fille.

   _____

5 **À l'agence de rencontres** Tristan est déprimé parce qu'il ne rencontre jamais personne. Il a donc pris rendez-vous avec une agence de rencontres. D'après ses réponses, écrivez les questions qu'on lui a posées.

1. _____?

   J'ai 32 ans.

2. _____?

   J'habite à Paris.

3. _____?

   Je suis professeur.

4. _____?

   Non, je ne suis pas célibataire. Je suis divorcé.

5. _____?

   Mon passe-temps favori est la lecture.

Workbook

RÉDACTION

Étape 1

Lisez attentivement le petit texte.

Julie T.: Marre de la solitude!

Jeune femme de 22 ans, célibataire, recherche jeune homme charmant et fidèle avec qui partager sa vie. Grande, mince, brune aux yeux marron, est sympa, enthousiaste et un peu idéaliste. Aime le sport, les promenades, le camping et les activités culturelles en tout genre. En a marre de la solitude et rêve de rencontrer l'âme sœur et de s'engager dans une relation sérieuse avec possibilité de mariage. Cherche un homme célibataire ou divorcé, sensible et honnête, qui a confiance en lui et qui n'a pas peur d'exprimer ses désirs et ses sentiments. Si cela vous correspond, faisons connaissance!

1. Quel genre de texte est-ce?

   _____

2. Décrivez la personnalité de Julie T. en une phrase.

   _____

3. D'après le texte, qu'est-ce que Julie T. fait souvent? À votre avis, où va-t-elle régulièrement?

   _____

   _____

Étape 2

Imaginez que vous ayez un ami français, Jean-Jacques, qui soit triste parce qu'il a récemment rompu avec sa petite amie. Vous pensez que Julie T. et Jean-Jacques pourraient bien s'entendre et vous voulez organiser un rendez-vous. Mais d'abord, vous aimeriez en savoir plus sur Julie T. Écrivez-lui une lettre d'au moins cinq phrases. Posez-lui des questions sur sa personnalité, ses goûts, ses activités, sa famille, ses amis, etc. Demandez-lui aussi plus de détails sur «son homme idéal».

_____

_____

_____

_____

_____

_____

_____

_____

_____

_____

_____

POUR COMMENCER   Leçon 2

1 **Trouvez l'intrus** Dans chaque liste, entourez (*circle*) le mot qui ne va pas avec les autres. Ensuite, utilisez les quatre mots que vous avez entourés pour compléter les phrases.

A. a. une caserne de pompiers / le palais de justice / un colocataire / un commissariat de police

   b. un embouteillage / une rue / un feu de signalisation / l'hôtel de ville

   c. les transports en commun / un citoyen / le maire / un conducteur

   d. un quartier / une place / le centre-ville / les piétons

B. 1. En France, on se marie à _____.

   2. À Paris, la plupart des gens n'ont pas de voiture parce qu'il y a trop de circulation et pas assez de parkings. En général, ils préfèrent utiliser _____.

   3. C'est tellement cher d'habiter au centre-ville que les jeunes sont souvent obligés de partager leur logement avec _____.

   4. _____ doivent attendre que le feu soit rouge avant de pouvoir traverser dans les clous.

2 **En ville** Complétez les phrases avec des mots ou expressions appropriés.

   1. Le week-end, beaucoup d'étudiants vont au cinéma ou vont visiter les _____.

   2. Tout le monde n'aime pas vivre au _____ et beaucoup de familles avec des enfants préfèrent acheter une maison en banlieue.

   3. La ville est animée. Elle est donc souvent _____.

   4. Le week-end, beaucoup de Parisiens aiment se promener dans un des _____ de la ville et se reposer sur un banc, sous un arbre.

   5. Les gens qui habitent en banlieue se retrouvent souvent bloqués dans un _____ quand ils rentrent chez eux, après le travail.

3 **À votre tour** Répondez aux questions par des phrases complètes.

   1. Où habitez-vous, en ville ou en banlieue?

   _____

   2. Votre quartier vous plaît-il? Expliquez.

   _____

   3. Comment est votre logement? Est-ce qu'il vous plaît?

   _____

   4. Quel est l'endroit que vous aimez le plus dans votre ville? Pourquoi?

   _____

   5. Comment vous déplacez-vous en ville, d'habitude? Utilisez-vous les transports en commun?

   _____

IMAGINEZ

La France (texte pages 50–51)

À compléter Faites correspondre les mots de la liste avec les phrases.

a. bouillabaisse	c. côte méditerranéenne	e. Lyon	g. soie
b. château d'If	d. deuxième ville de France	f. Saône	h. Vieux-Port

1. Lyon et Marseille se disputent le titre de _____.

2. Le Rhône et la _____ sont les deux grands fleuves qui traversent la ville de Lyon.

3. La ville de Marseille est située sur la _____.

4. Au large de (*Off the coast of*) Marseille, on peut voir le _____, une ancienne prison rendue célèbre par l'écrivain Alexandre Dumas.

5. Dans l'Antiquité, la ville de _____ était la capitale de la Gaule.

6. La _____ est une spécialité culinaire bien connue de Marseille.

7. Lyon est la capitale de la gastronomie et de l'industrie de la _____.

8. Le _____ est un quartier très animé de Marseille où on trouve de nombreux restaurants.

Découvrons la France

À votre tour Écrivez quatre phrases sur la photographie à l'aide de ces questions: À votre avis, quels sont les avantages de ce genre d'habitation? Et les inconvénients? Pourquoi?

_____

_____

_____

_____

_____

_____

_____

_____

_____

_____

_____

_____

Galerie de créateurs (texte pages 54–55)

1 La photographie

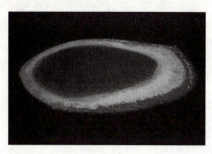

A. Identifiez la photographie. Quel est le titre de la photographie? Qui est le photographe? Dites une chose que vous savez de lui.

_____

_____

_____

B. Regardez cette photographie dans votre livre. Que représente-t-elle? Vous plaît-elle? Pourquoi?

_____

_____

_____

2 Questions

1. Quelle est la profession de Paul Bocuse? Quelle distinction exceptionnelle a-t-il reçue en 1965?

_____

_____

2. Pourquoi dit-on que Sonia Rykiel est une femme aux multiples talents? Décrivez son style.

_____

_____

3. Qui était Marguerite Duras? Citez une de ses œuvres.

_____

_____

3 À votre tour

1. Avez-vous déjà goûté à la cuisine française? Décrivez cette expérience. Si non, que savez-vous au sujet de la cuisine française traditionnelle?

_____

_____

_____

2. À votre avis, est-ce que Paris est la capitale de la mode? Pourquoi?

_____

_____

_____

3. Nommez un autre photographe, artiste ou écrivain français célèbre. Que savez-vous de lui/d'elle?

_____

_____

_____

STRUCTURES

2.1 Reflexive and reciprocal verbs

1 **Pronominal ou non?** Mettez un X devant les phrases dont le verbe est pronominal.

_____ 1. Le matin, les parents de Nathalie la réveillent vers sept heures.

_____ 2. Paul? Tu t'habilles?

_____ 3. Madame Girard coupe elle-même les cheveux de ses enfants.

_____ 4. Clothilde et Gina, est-ce que vous voulez bien laver le chien?

_____ 5. Vous vous fâchez toujours contre nous!

_____ 6. Je ne m'habitue pas du tout à mon nouvel appartement.

_____ 7. Ces garçons ne se reposent jamais!

_____ 8. Déjà cinq heures? Dépêchons-nous!

2 **Le bon choix** Choisissez le bon verbe pour compléter les phrases. Attention au contexte!

1. Je _____ mon chien tous les soirs.

   a. brosse   b. me brosse

2. Est-ce que tu sais si Mickaël _____ à l'urbanisme?

   a. intéresse   b. s'intéresse

3. D'habitude, vous _____ à 16h30, à cause des embouteillages, n'est-ce pas?

   a. allez   b. vous en allez

4. Nous _____ au conducteur du bus de s'arrêter au prochain arrêt.

   a. demandons   b. nous demandons

5. Stéphane, arrête un peu! Tu vois bien que tu _____ tout le monde!

   a. ennuies   b. t'ennuies

6. Carole et Marc _____ bien qu'avec tous ces travaux, le quartier doit être bruyant.

   a. doutent   b. se doutent

3 **En ville** Complétez chaque phrase avec la forme correcte du verbe entre parenthèses.

1. Nous _____ (s'attendre) à tomber sur un embouteillage, à la sortie de la ville.

2. Est-ce que vous _____ (s'entendre) bien avec vos parents?

3. Moi, je _____ (se lever) assez tôt, en général.

4. Laura, est-ce que tu _____ (s'amuser) bien quand tu vas en boîte de nuit?

5. Le maire de notre ville _____ (se mettre) à vouloir faire des travaux partout!

6. Les bus pour l'université ne _____ (s'arrêter) plus ici.

4 L'amitié vue par Pascal Lisez la description que Pascal donne de l'amitié et complétez-la.

s'amuser	s'entendre	s'intéresser	se parler
s'ennuyer	se fâcher	se moquer	se voir

Pour moi, l'amitié, c'est très important. Mes amis et moi, nous (1) _____ très bien et

nous (2) _____ souvent, surtout le week-end quand on a le temps. Dans l'ensemble, on

a des goûts assez similaires, je dirais, mais pas pour tout. Par exemple, moi, je (3) _____

beaucoup avec mes jeux vidéo, alors que mes amis, eux, ils ne (4) _____ pas tellement à

ça. Mais la différence, c'est bien pour certaines choses. Enfin, ma meilleure amie (5) _____

un peu de moi ou même parfois, elle (6) _____ contre moi parce que justement, elle trouve

que je passe trop de temps sur l'ordinateur... Enfin, ce n'est pas grave. Ça ne change rien à notre amitié et

on (7) _____ presque tous les jours, au téléphone bien sûr si on ne peut pas se voir en

personne. Et quand on est ensemble, on ne (8) _____ jamais, ça, c'est sûr!

5 La chose à dire Écrivez des phrases à l'impératif d'après ces situations, à l'aide de verbes pronominaux.

1. Il est huit heures du matin et votre colocataire, qui a cours à huit heures et demie, dort toujours.

   _____

2. Vos amis et vous venez de visiter tout Paris à pied et maintenant, vous êtes tous très fatigués.

   _____

3. Vos parents ont toujours peur qu'il vous arrive quelque chose.

   _____

4. Votre sœur est prête à sortir danser.

   _____

6 Votre conception de l'amitié Et vous, quelle est votre conception de l'amitié? Écrivez quatre ou cinq phrases dans lesquelles vous parlez des relations que vous avez avec vos amis. Utilisez au moins dix verbes pronominaux. Prenez comme modèle la description de l'amitié faite par Pascal, dans l'activité 4.

_____

_____

_____

_____

_____

_____

_____

Leçon 2 Workbook **15**

Workbook

2.2 Descriptive adjectives and adjective agreement

1 **Le bon choix** Choisissez la forme correcte de l'adjectif pour compléter les phrases.

1. Le maire de ma ville est plutôt _____.
   - a. conservateur
   - b. conservatrice
   - c. conservateurs
   - d. conservatrices

2. À mon avis, la qualité de vie est _____ en banlieue.
   - a. meilleur
   - b. meilleure
   - c. meilleurs
   - d. meilleures

3. Marseille est une très _____ ville du sud de la France.
   - a. beau
   - b. belle
   - c. beaux
   - d. belles

4. En ville, il y a beaucoup d'édifices _____.
   - a. public
   - b. publique
   - c. publics
   - d. publiques

5. Sur ces photos, on peut voir les _____ maires de la ville.
   - a. ancien
   - b. ancienne
   - c. anciens
   - d. anciennes

2 **Un peu de tout** Pour chaque phrase, accordez l'adjectif entre parenthèses.

1. Marina est ma sœur _____ (cadet).

2. Ses dernières colocataires n'étaient pas très _____ (franc).

3. Est-ce que tes amis sont _____ (heureux) à Lyon?

4. La porte de cet immeuble est vraiment _____ (bas), tu ne trouves pas?

5. Est-ce que la vie est _____ (cher) à Paris?

6. Ma place _____ (favori) à Lyon, c'est la place Bellecour.

7. La rue Saint-Jean et le boulevard Henri IV sont toujours très _____ (animé) le soir.

8. Si tu vas dans ce restaurant, commande une spécialité _____ (grec)!

3 **Au bon endroit** Mettez chaque adjectif entre parenthèses au bon endroit dans la phrase. Faites attention aux accords!

1. (premier) Il faut prendre la/l' _____ avenue _____ à gauche.

2. (marron) Ces _____ immeubles _____ sont vraiment laids!

3. (nouveau) Je déteste l'architecture du _____ musée _____.

4. (châtain) La dame qui travaille à la mairie a les _____ cheveux _____.

5. (vieux) Ce/Cet _____ édifice _____ est magnifique.

6. (bon) Connais-tu quelques _____ boutiques de vêtements _____ en ville?

7. (petit) Nous avons un _____ appartement _____ dans la rue Pradel.

8. (animé) Je n'aime pas du tout les _____ rues _____ des grandes villes!

4   **La grande ville** Faites des phrases complètes à l'aide des éléments donnés. Attention au placement et à l'accord des adjectifs!

1. travaux / se terminer / rue du Jeu de Paume / cette semaine / dernier

   _____

2. Parisiens / passer beaucoup de temps / embouteillages / pauvre

   _____

3. bus / être / de la ville d'Avignon / tous / bleu foncé

   _____

4. Noémie / acheter / appartement / centre-ville / grand

   _____

5. je / ne pas connaître / boutiques du quartier / nouveau

   _____

6. Nathalie / habiter / quartier / Richard / ancien

   _____

5   **Chez vous** Répondez aux questions par des phrases complètes.

1. Où habitez-vous? Décrivez votre ville en trois phrases.

   _____

   _____

2. Et votre université, comment est-elle?

   _____

   _____

3. Avez-vous des colocataires? Si oui, comment sont-ils/elles? Si non, décrivez votre colocataire idéal(e).

   _____

   _____

6   **À vous** Écrivez quatre ou cinq phrases dans lesquelles vous expliquez où vous allez habiter un jour. Décrivez la ville ou l'endroit que vous préférez et imaginez votre logement idéal. Utilisez au moins six à huit adjectifs différents dans votre description.

   _____

   _____

   _____

   _____

   _____

   _____

Workbook

2.3 Adverbs

1 **Dans ma ville** Complétez les phrases avec l'adverbe qui correspond à l'adjectif souligné (*underlined*).

1. La marchande de journaux est <u>franche</u>. Elle parle toujours très _____.

2. Le livreur n'est pas très <u>poli</u>. Il ne répond pas _____ aux clients du supermarché.

3. Il y a des travaux <u>bruyants</u> dans cet édifice. Les ouvriers travaillent _____.

4. Le maire est <u>patient</u>. Il répond _____ aux questions des journalistes.

5. Ce policier est <u>gentil</u>. Il aide _____ la personne âgée à traverser la rue.

6. Mon amie est toujours très <u>précise</u> quand elle donne des indications. Elle m'explique _____ où se trouve la préfecture de police.

7. Il y a un embouteillage <u>énorme</u> dans la rue des Lilas. Il y a _____ de voitures.

8. Ce bus est très <u>lent</u>. Le conducteur conduit _____.

2 **Le bon choix** Choisissez le bon adverbe pour compléter les phrases.

1. _____, je prends les transports en commun pour aller à la fac.
   a. Tard   b. De temps en temps   c. Soudain

2. Ma cousine aime _____ habiter en banlieue.
   a. très   b. là   c. beaucoup

3. Ma mère connaît _____ toutes les rues de Paris.
   a. ensuite   b. nulle part   c. absolument

4. _____, mes amis et moi, nous allons au cinéma le samedi.
   a. En général   b. Partout   c. Assez

5. _____, nous devons aller à la mairie. Elle ferme tôt le vendredi.
   a. Toujours   b. Enfin   c. D'abord

6. Mon père conduit très _____.
   a. bien   b. heureusement   c. partout

7. Il y a _____ d'embouteillages à Lyon qu'à Marseille, à mon avis.
   a. trop   b. autant   c. peu

3 **Une colocataire à éviter** Complétez la description de cette horrible colocataire avec les adverbes de la liste.

a. absolument	c. d'abord	e. heureusement	g. là	i. quelquefois	k. tôt
b. aujourd'hui	d. ensuite	f. jamais	h. nulle part	j. rarement	l. toujours

Ma colocataire est à éviter (1) _____! (2) _____, elle nous réveille tous très

(3) _____ le matin. (4) _____, elle est (5) _____ de bonne

humeur et elle ne fait (6) _____ rien à la maison. Elle est toujours (7) _____,

parce qu'elle n'a aucun ami et qu'elle ne va donc jamais (8) _____. Elle est

(9) _____ fâchée contre tout le monde. (10) _____, elle est même impolie

avec les parents des autres colocataires. (11) _____, elle déménage

(12) _____!

Nom _____ Date _____

4 **Plus de détails** Employez les adverbes indiqués pour réécrire les phrases. Attention à leur place dans la phrase!

1. Marine est allée en ville. (hier)

   _____

2. Vous êtes arrivé au commissariat? (déjà)

   _____

3. Martin a conduit en ville à cause de la circulation. (lentement)

   _____

4. Les animaux ne sont pas autorisés dans le jardin public. (probablement)

   _____

5. Nourdine attendait le bus quand nous l'avons vu. (patiemment)

   _____

6. Ma mère va au musée le dimanche. (souvent)

   _____

5 **Et vous?** Écrivez une phrase complète à l'aide d'adverbes pour dire comment vous et vos amis faites ces choses.

1. conduire (je)

   _____

2. manger au restaurant (nous)

   _____

3. aller au centre-ville (je)

   _____

4. sortir le soir (je)

   _____

5. faire des promenades en ville (mes amis)

   _____

6. prendre le métro (nous)

6 **À vous** À votre avis, comment est l'homme/la femme ou l'ami(e) idéal(e)? Qu'est-ce qu'il/elle fait ou ne fait pas? Écrivez quatre ou cinq phrases dans lesquelles vous décrivez cette personne avec six à huit adverbes différents.

_____

_____

_____

_____

_____

_____

Workbook

RÉDACTION

Étape 1

Lisez attentivement le petit texte.

Ma première journée à l'université

C'est le lundi 5 octobre. Je me suis levé. J'ai pris un café et un croissant. Je me suis lavé et habillé, puis je me suis brossé les dents. Il est huit heures moins dix. Je suis en retard. C'est mon premier jour à l'université. Je dois me dépêcher. Je prends le bus. Je regarde Paris, ma ville. Il y a des embouteillages. Il y a du monde dans les rues. On passe devant le musée d'Orsay. J'arrive à la Sorbonne, l'édifice parisien qui est aussi mon université...

Comment trouvez-vous ce texte? Que lui manque-t-il pour qu'il soit plus vivant?

_____

_____

Réécrivez le texte avec au moins cinq adjectifs et cinq adverbes pour le rendre plus vivant.

_____

_____

_____

_____

_____

Étape 2

Imaginez que vous veniez juste d'arriver à Paris où vous allez habiter pendant un an. C'est votre premier jour dans la capitale française. Vous vous levez, vous vous préparez, puis vous sortez explorer votre nouvelle ville. Racontez votre première journée à Paris, en cinq ou six phrases. Utilisez comme modèle le texte que vous avez réécrit.

_____

_____

_____

_____

_____

_____

_____

_____

_____

_____

POUR COMMENCER

Leçon 3

1   **Trouvez l'intrus** Pour chaque liste, entourez le mot qui ne va pas avec les autres. Ensuite, écrivez une phrase dans laquelle vous employez ce mot.

1. la rubrique société / la couverture / un reporter / les faits divers

_____

2. un photographe / un animateur / un journaliste / un événement

_____

3. un feuilleton / un hebdomadaire / un mensuel / un journal

_____

4. la radio / le public / la télévision / la presse

_____

2   **Interview** Complétez cette interview d'un réalisateur à l'aide des mots et des expressions de la liste.

a. la bande originale	c. émission	e. la première	g. sortir
b. d'effets spéciaux	d. filme	f. le public	h. les vedettes

JOURNALISTE   Bonjour, Jean Petit, et bienvenue à *Nouvelles du cinéma*. Je vous remercie de bien vouloir participer à notre (1) _____ sur le cinéma. Alors, quand votre prochain film va-t-il (2) _____?

RÉALISATEUR   La date de (3) _____ est le 2 juin.

JOURNALISTE   C'est un film de quel genre?

RÉALISATEUR   C'est un film de science-fiction. Il y a beaucoup (4) _____.

JOURNALISTE   Et qui sont (5) _____ du film?

RÉALISATEUR   Paul Duchemin et Ingrid Delaroche.

JOURNALISTE   On m'a dit que (6) _____ de votre film est d'Yves Legrand.

RÉALISATEUR   Oui, c'est vrai et Yves a fait un travail formidable.

JOURNALISTE   Le film se passe à Paris, c'est ça?

RÉALISATEUR   Oui, je (7) _____ toujours à Paris parce que je m'y sens bien.

JOURNALISTE   **Merci beaucoup. Je suis sûr que (8) _____ attend la sortie de votre film avec impatience!**

3   **Les médias** Répondez aux questions par des phrases complètes.

1. En général, comment vous informez-vous? Préférez-vous lire le journal, regarder la télévision, écouter la radio ou surfer sur Internet? Pourquoi?

_____

_____

2. Y a-t-il une personnalité médiatique que vous admirez? Qui est-ce? Pourquoi?

_____

_____

3. Qu'est-ce que vous aimez regarder à la télévision? Justifiez votre réponse.

_____

_____

4. Lisez-vous souvent la presse? Quel genre d'articles lisez-vous, d'habitude?

_____

_____

IMAGINEZ

Le Québec (texte pages 88–89)

Un peu d'histoire Choisissez la bonne option pour compléter chaque phrase.

1. René Lévesque a défendu _____.
   a. la liberté de la presse québécoise
   b. l'idée d'un Québec francophone souverain
   c. l'impartialité des médias

2. Félix Leclerc et Gilles Vigneault ont fait renaître la tradition _____.
   a. du cinéma québécois
   b. du Parti québécois (PQ)
   c. de la chanson francophone québécoise

3. En 1967, on a créé _____ pour apporter une aide financière aux réalisateurs.
   a. la Société de Développement de l'Industrie Cinématographique Canadienne (SDICC)
   b. le Parti québécois
   c. la Révolution tranquille

4. René Lévesque a été _____ dans les années 1970.
   a. Premier ministre
   b. réalisateur
   c. chanteur

5. Depuis la Loi 101, les immigrés québécois reçoivent leur éducation _____.
   a. en anglais et en français
   b. en anglais ou en français, au choix
   c. uniquement en français

6. Au cours des années, il y a eu plusieurs _____ pour l'indépendance du Québec, mais le «non» l'a toujours emporté.
   a. référendums
   b. documentaires
   c. événements

Découvrons le Québec

À votre tour Écrivez quatre phrases sur la photographie à l'aide de ces questions: Qu'est-ce que c'est? Où est-ce? Que savez-vous au sujet de ce lieu?

_____

_____

_____

_____

_____

_____

_____

_____

Galerie de créateurs (texte pages 92-93)

1 **Le vitrail**

A. Identifiez cette photographie. Où est ce vitrail? Qui est l'artiste? Dites une chose que vous savez d'elle.

_____

_____

_____

B. Regardez cette photographie dans votre livre. Que représente-t-elle? Vous plaît-elle? Pourquoi?

_____

_____

_____

_____

2 **Questions**

1. Qui est Guy Laliberté? Pourquoi est-il connu?

_____

_____

_____

2. Qui est Antonine Maillet? De quoi s'inspire-t-elle pour écrire ses œuvres?

_____

_____

3. Qu'est-ce qu'Antonine Maillet a reçu en 1979? Expliquez-en l'importance.

_____

_____

4. Dans quel domaine Édouard Lock est-il connu? Donnez un ou deux détails sur sa carrière.

_____

_____

3 **À votre tour** Quelle autre Québécois(e) est connu(e) aux États-Unis? Expliquez pourquoi. Si vous ne connaissez personne, dites lequel des quatre artistes présentés vous intéresse le plus, et pourquoi.

_____

_____

_____

_____

_____

STRUCTURES

3.1 The *passé composé* with *avoir*

1 **Puzzle** Trouvez les huit participes passés cachés dans la grille et entourez-les. Ensuite, utilisez-les pour compléter la conversation. Ces participes passés sont à l'horizontale, à la verticale ou en diagonale.

X	F	A	B	A	U	T	B	L	P
F	I	E	U	E	I	S	V	G	N
T	Y	C	U	N	B	M	I	O	U
S	A	R	H	R	N	M	E	P	E
E	U	I	B	O	A	I	N	N	E
V	I	T	O	S	I	E	L	U	A
E	C	U	V	I	R	S	E	S	I
N	B	M	P	U	B	L	I	E	R
D	A	E	Y	T	U	I	P	L	V
U	S	E	T	I	P	F	J	D	U

DAVID	Dis, Nathalie, tu as (1) _____ le film qu'on va voir?
NATHALIE	J'aimerais bien aller voir *Un long dimanche de fiançailles*.
DAVID	Ce n'est pas un film très récent! Tu ne l'as jamais (2) _____?
NATHALIE	Non, jamais, mais j'ai (3) _____ le livre et je l'ai beaucoup (4) _____!
DAVID	Moi aussi. C'est un livre superbe! Tu sais que son auteur, Sébastien Japrisot, a aussi (5) _____ le livre qui a inspiré le film *L'été meurtrier*? Le livre a été (6) _____ en 1981.
NATHALIE	Non, tu vois, je ne le savais pas, mais c'est un excellent film qui a (7) _____ un grand succès à sa sortie.
DAVID	Oui, c'est vrai... Écoute, si tu veux, on peut regarder *Un long dimanche de fiançailles* chez moi. J'ai le DVD. Un copain me l'a (8) _____ pour 1 euro.
NATHALIE	Bonne idée! Ça sera moins cher que d'aller le louer.

2 **Le bon choix** Choisissez la forme correcte du participe passé pour compléter chaque phrase.

1. La vedette du dernier film de Mathieu Kassovitz? Oui, le journaliste l'a _____.
   a. interviewé   b. interviewés   c. interviewée

2. Je ne comprends pas tous les problèmes que cet article a _____!
   a. créées   b. créés   c. créé

3. L'émission sur l'impartialité de la presse a été _____ samedi soir.
   a. retransmise   b. retransmis   c. retransmises

4. Le chanteur français Serge Gainsbourg a _____ plusieurs albums aux États-Unis.
   a. enregistrée   b. enregistrés   c. enregistré

5. Astérix? C'est une bande dessinée que tous les enfants francophones ont _____.
   a. lu   b. lus   c. lue

6. Christiane Amanpour est une journaliste qui a _____ dans le monde entier pour faire ses reportages.
   a. voyagée   b. voyagés   c. voyagé

3 **Dernières nouvelles** Complétez ces extraits (*excerpts*) de journaux. Mettez les verbes entre parenthèses au passé composé.

1. Un nouveau théâtre _____ (ouvrir) ses portes sur les Champs-Élysées.

2. Nous _____ (suivre) les lions pendant six mois pour préparer notre documentaire.

3. Cette année, c'est un film suédois qui _____ (recevoir) le grand prix au Festival de Cannes.

4. Le commentaire de Paul Gentil: «J' _____ (savoir) immédiatement que cette pub aurait du succès.»

5. Télé: Si vous _____ (aimer) l'émission de divertissement de Pierre Lelong, ne ratez pas sa nouvelle émission, le samedi soir, à 20h00.

6. Danger dans les lycées: Dominique, 17 ans: «Une fois que tu _____ (choisir) de faire partie d'un gang, tu vis dans la violence!»

4 **Questions et réponses** Reconstituez les questions, puis répondez-y. Utilisez le passé composé dans toutes vos phrases et faites tous les accords nécessaires.

1. est-ce que / vous / lire / journal / ce matin / ?

_____

_____

2. votre famille / regarder / émission de télévision / intéressant / récemment / ?

_____

_____

3. est-ce que / vos camarades / facilement / comprendre / leçon sur le passé composé / ?

_____

_____

4. est-ce que / vous / écouter / radio / souvent / semaine dernière / ?

_____

_____

5 **Quel film?** Choisissez un film que vous avez vu récemment. Décrivez-le en quatre ou cinq phrases au passé composé. Puis, dites quand et où vous avez vu ce film et donnez votre opinion personnelle sur sa qualité.

_____

_____

_____

_____

_____

Workbook

3.2 The *passé composé* with *être*

1   **Quel auxiliaire?** Indiquez si on utilise **être**, **avoir** ou **les deux** pour former le passé composé de ces verbes.

	être	avoir	les deux
1. allé	○	○	○
2. descendu	○	○	○
3. rentré	○	○	○
4. venu	○	○	○
5. arrivé	○	○	○
6. écrit	○	○	○
7. tombé	○	○	○
8. conduit	○	○	○
9. sorti	○	○	○
10. passé	○	○	○

2   **Le bon auxiliaire** Complétez chaque phrase. Employez la forme correcte d'**être** ou d'**avoir**. Attention au contexte!

1. Le vendeur _____ rentré les journaux dans le kiosque parce qu'il va pleuvoir.

2. Mes frères _____ allés au cybercafé pour surfer sur le web.

3. Est-ce que tu sais quand François Mitterrand _____ mort?

4. Mon meilleur ami et moi, nous _____ nés le même jour!

5. Je crois que les Black Eyed Peas _____ sorti un nouvel album.

6. Est-ce que vous _____ passé une bonne soirée au festival?

7. Je _____ venu(e) ici pour faire un reportage sur le cinéma américain.

8. Paul, tu _____ monté à Paris pour la première du nouveau film de Luc Besson?

3   **Participe passé** Choisissez la forme correcte du participe passé pour compléter chaque phrase.

1. Cette journaliste est _____ en Irak.

     a. né   b. nés   c. née

2. Toutes les vedettes de cinéma sont _____ à Cannes pour le festival.

     a. descendues   b. descendus   c. descendu

3. Mohammed, tu es _____ chez toi après le documentaire?

     a. rentré   b. rentrés   c. rentrée

4. Je crois que ces deux films sont _____ la même année.

     a. sortis   b. sorti   c. sorties

5. La photographe est _____ alors qu'elle prenait des photos du volcan.

     a. tombées   b. tombée   c. tombé

Workbook

4   **Hier soir** Noémie décrit sa soirée d'hier à son ami Patrick. Mettez les verbes entre parenthèses au passé composé.

Hier soir, je/j' (1) _____ (aller) dîner au restaurant avec des amis. Puis, nous

(2) _____ (sortir) en boîte de nuit. Jean-Louis (3) _____ (ne pas venir) avec

nous parce qu'il devait étudier pour un examen. En chemin, on (4) _____ (passer) devant

un kiosque à journaux. Mon amie Elsa (5) _____ (s'arrêter) pour acheter le Pariscope.

Après deux heures en boîte, Elsa et moi (6) _____ (retourner) en ville. Nous

(7) _____ (entrer) au café de la Place, mais Elsa y a vu son ex-petit ami, alors nous

(8) _____ (ne pas rester). Et toi et tes amis, vous (9) _____ (descendre) en

ville hier soir, non? Est-ce que tu (10) _____ (aller) au ciné finalement?

5   **Qu'ont-ils fait?** Écrivez des questions logiques à l'aide du passé composé avec **être**, en réponse aux situations.

> **modèle**
>
> Larissa a oublié son sac au cinéma.
> *Elle est retournée au cinéma?*

1. Ma fiancée et moi, nous avons eu des places de théâtre.

   _____

2. Carole a rencontré un garçon charmant au café.

   _____

3. Les vacances de Sylvain ont commencé hier matin.

   _____

4. J'ai laissé mon livre de français chez une camarade.

   _____

5. Mon meilleur ami et moi, nous avons eu un problème et nous ne nous parlons plus!

   _____

6. J'ai passé une semaine à Paris.

   _____

6   **À vous** Et vous, qu'est-ce que vous avez fait le week-end dernier? Écrivez quatre ou cinq phrases dans lesquelles vous décrivez vos activités au passé composé. Vous pouvez prendre pour modèle le texte de l'activité 4.

_____

_____

_____

_____

_____

     Leçon 3 Workbook   **27**

Workbook

3.3 The *passé composé* vs. the *imparfait*

1 **Souvenirs d'enfance** Juliette parle de son enfance à une amie. Mettez les verbes entre parenthèses à l'imparfait.

Quand j' (1) _____ (être) petite, nous (2) _____ (habiter) à Dakar, au

Sénégal. Mon père y (3) _____ (travailler) comme envoyé spécial pour une chaîne de

télévision. Moi, j' (4) _____ (adorer) la vie là-bas, parce que j' (5) _____

(avoir) beaucoup d'amis. Ma sœur, elle, (6) _____ (attendre) avec impatience de finir le

lycée, parce qu'elle (7) _____ (vouloir) rentrer en France. Et toi, où est-ce que tu

(8) _____ (vivre) quand tu (9) _____ (être) petit? Tes frères et sœurs et toi,

vous (10) _____ (aimer) bien votre vie?

2 **Expliquez** Lisez les phrases et entourez le(s) verbe(s). Puis, dites s'ils sont au passé composé (**PC**) ou à l'imparfait (**I**). Enfin, pour chaque verbe, expliquez le choix du temps: (**a**) action terminée, (**b**) série d'actions, (**c**) réaction ou changement, (**d**) description au passé, (**e**) action habituelle.

1. Le photographe a pris des photos des vedettes.

   _____

2. Il faisait beau et il y avait beaucoup de monde à la plage.

   _____

3. Tout à coup, on a entendu un grand bruit.

   _____

4. Quand Marine avait dix ans, elle jouait du piano.

   _____

5. D'abord, nous sommes allés au cybercafé. Ensuite, nous avons surfé sur Internet. Finalement, nous avons trouvé un journal en ligne.

   _____

3 **Les uns et les autres** Choisissez la bonne combinaison de temps pour compléter les phrases.

1. Quand nous _____ au cinéma, Claude _____ déjà là.
   a. arrivions, était   b. sommes arrivés, a été   c. sommes arrivés, était

2. Je/J' _____ avec Nathalie, quand le téléphone _____.
   a. discutais, a sonné   b. ai discuté, sonnait   c. discutais, sonnait

3. On _____ la télé et tout à coup, l'écran _____ tout noir.
   a. regardait, devenait   b. a regardé, devenait   c. regardait, est devenu

4. Samedi et dimanche, Valérie _____ chez elle parce qu'il _____ toute la journée.
   a. est restée, pleuvait   b. restait, a plu   c. est restée, a plu

5. Nous _____ toujours des bandes dessinées, mais ce jour-là, je/j' _____ un roman.
   a. avons lu, ai choisi   b. lisions, ai choisi   c. avons lu, choisissais

Workbook

4 **Le concert de Madonna** Complétez l'article. Mettez les verbes entre parenthèses au passé composé ou à l'imparfait.

Le dimanche 27 août, Madonna (1) _____ (donner) un concert au Palais omnisports de Bercy. Ça/C' (2) _____ (être) son premier concert parisien—il y en a trois autres au programme—et il n'y (3) _____ (avoir) plus une seule place de libre! À l'intérieur, le public (4) _____ (attendre) la star avec impatience quand tout à coup, Madonna (5) _____ (faire) son apparition. Elle (6) _____ (sortir) d'une boule disco et elle (7) _____ (commencer) son spectacle. Les fans (8) _____ (adorer)!

5 **Quel temps choisir?** Complétez les phrases à l'aide des verbes de la liste.

aller	habiter	préférer
avoir	lire	regarder
être	oublier	rencontrer
étudier	partir	venir

1. Quand je/j' _____ plus jeune, je/j' _____ souvent ce feuilleton à la télévision.

2. Mon père _____ en France pendant dix ans.

3. Ce matin, le journaliste _____ en banlieue enquêter pour son reportage.

4. Quand vous _____ le journalisme à Montréal, vous _____ tous les journalistes de la ville.

5. Hier, je/j' _____ un magazine, quand Pascal _____ me voir.

6. Avant, tu ne/n' _____ jamais de lire la page sportive de ton journal. C'était celle que tu _____.

7. Nous _____ voir un film superbe cet après-midi.

8. Il y a 50 ans, la publicité ne/n' _____ pas autant d'importance qu'aujourd'hui.

6 **Un moment de votre vie** Écrivez quatre ou cinq phrases dans lesquelles vous racontez un moment intéressant de votre vie (un événement important, une rencontre, un souvenir d'enfance, etc.). Employez l'imparfait et le passé composé.

_____

_____

_____

_____

_____

_____

_____

Workbook

RÉDACTION

Étape 1

Lisez la mini-biographie.

François Truffaut

François Truffaut naît en 1932, à Paris. Il n'est pas heureux pendant son enfance et, à 14 ans, il arrête l'école. En 1947, il ouvre un ciné-club dans le Quartier latin, à Paris. Il débute sa carrière comme critique de cinéma en 1953. À la fin des années 1950, il sort son premier long métrage, *Les quatre cents coups*. Ce film raconte l'histoire d'un adolescent que personne ne comprend. Truffaut est un des réalisateurs les plus importants de la Nouvelle Vague. Il meurt en 1984.

Avez-vous remarqué que cette mini-biographie de François Truffaut, un des réalisateurs français les plus connus, est écrite au présent? Pourquoi utilise-t-on parfois le présent au lieu du passé quand on écrit, à votre avis? Écrivez cette mini-biographie au passé composé et à l'imparfait.

_____

_____

_____

_____

_____

_____

_____

_____

Étape 2

À vous d'écrire une mini-biographie. Choisissez une personne, célèbre ou pas, que vous connaissez et rédigez un paragraphe de cinq ou six phrases sur la vie de cette personne. Employez le passé composé et l'imparfait.

_____

_____

_____

_____

_____

_____

_____

_____

_____

_____

POUR COMMENCER

Leçon 4

1 **Trouvez l'intrus** Barrez le mot ou l'expression qui n'appartient pas à la série. Ensuite, écrivez un terme que vous associez aux deux autres mots ou expressions.

1. voter / gagner les élections / le crime / _____

2. l'armée / un juré / la guerre / _____

3. un homme politique / un député / une victime / _____

4. sauver / enlever / kidnapper / _____

5. inégal / juste / opprimé / _____

2 **Légendes** Associez chaque légende à la photographie correspondante.

a.

b.

c.

d.

e.

f.

_____ 1. La police combat la violence et le crime et assure la sécurité de la nation.

_____ 2. Le rôle des avocats est de combattre l'injustice.

_____ 3. Les Français ont élu Jacques Chirac président en 1995 et en 2002.

_____ 4. Le drapeau français est tricolore.

_____ 5. Les voleurs et les terroristes sont deux types de criminels.

_____ 6. Ces militants se consacrent à la lutte pour la protection de l'environnement.

3 **La politique** Choisissez un de ces concepts et donnez-en une définition: **la démocratie, la liberté, les droits de l'homme, une dictature.**

_____

_____

_____

_____

_____

_____

IMAGINEZ

Les Antilles (texte pages 126–127)

Vrai ou faux? Indiquez si les phrases sont **vraies** ou **fausses** et corrigez les fausses à l'aide de phrases complètes.

	Vrai	Faux
1. Au 17ᵉ siècle, on rencontrait souvent des pirates dans la mer des Caraïbes.	○	○
2. Les Français ont toujours été la plus grande puissance coloniale aux Antilles.	○	○
3. Les corsaires étaient des pirates indépendants.	○	○
4. Le terme «boucanier» vient du mot «boucan», une grille de bois sur laquelle on faisait griller la viande et les poissons.	○	○
5. Les sociétés pirates étaient des dictatures.	○	○

1. Au 17ᵉ siècle, on rencontrait souvent des pirates dans la mer des Caraïbes.

_____

2. Les Français ont toujours été la plus grande puissance coloniale aux Antilles.

_____

3. Les corsaires étaient des pirates indépendants.

_____

4. Le terme «boucanier» vient du mot «boucan», une grille de bois sur laquelle on faisait griller la viande et les poissons.

_____

5. Les sociétés pirates étaient des dictatures.

_____

Découvrons les Antilles

À votre tour Écrivez quatre phrases sur la photographie à l'aide de ces questions: Quel est cet événement? Où et quand a-t-il lieu? Que savez-vous à son sujet?

_____

_____

_____

_____

_____

_____

_____

_____

_____

_____

_____

_____

Workbook

Galerie de créateurs (texte pages 130–131)

1 **La peinture**

A. Identifiez cette œuvre. Quel est le titre de cette peinture? Qui est l'artiste? Dites une chose que vous savez de lui.

_____

_____

_____

B. Regardez cette œuvre dans votre livre. Que représente-t-elle? Vous plaît-elle? Pourquoi?

_____

_____

_____

2 **Questions**

1. Qui est Aimé Césaire? À quel mouvement littéraire et culturel est-il associé?

_____

_____

2. Résumez en deux ou trois phrases la carrière politique de Césaire.

_____

_____

3. Dans quel domaine Léna Blou est-elle connue? Donnez un ou deux détails sur sa carrière.

_____

_____

4. Qui est Paulette Poujol-Oriol? Qu'est-ce qui caractérise son style?

_____

_____

3 **À votre tour** Quelle autre Antillais(e) est connu(e) aux États-Unis? Expliquez pourquoi. Si vous ne connaissez personne, dites lequel des quatre artistes présentés vous intéresse le plus, et pourquoi.

_____

_____

_____

_____

_____

_____

Workbook

STRUCTURES

4.1 The *plus-que-parfait*

1 **Anagramme** Mettez les lettres dans le bon ordre pour former des participes passés. Ensuite, sélectionnez l'auxiliaire approprié. Enfin, complétez chaque phrase à l'aide du verbe au plus-que-parfait.

> **modèle**
>
> PÉKDIPAN   *kidnappé*   (avoir)   être
>
> Les terroristes *avaient kidnappé* le fils du président juste avant les élections.

1. F U D É N E D   _____   avoir   être

   L'avocate _____ le voleur de bijoux devant le juge et les jurés.

2. E L A É S L   _____   avoir   être

   Nous _____ à la manifestation en faveur des droits de l'homme.

3. O É N C A R C S   _____   avoir   être

   Vous vous _____ à la lutte contre l'inégalité.

4. O G E V É U N R   _____   avoir   être

   Deux présidents très conservateurs _____ le pays pendant dix ans.

2 **Le bon choix** Choisissez la forme correcte du participe passé pour compléter chaque phrase.

1. Les voleurs étaient _____ au tribunal avec leur avocate.
   a. arrivé   b. arrivés   c. arrivée

2. Le député avait déjà _____ les élections plusieurs fois.
   a. perdu   b. perdus   c. perdue

3. Je ne comprenais pas la nouvelle loi que le président avait _____.
   a. signé   b. signés   c. signée

4. Les activistes s'étaient _____ pour organiser la marche.
   a. téléphoné   b. téléphonés   c. téléphonées

3 **Erreur judiciaire** Pour compléter cet article de journal, mettez les verbes entre parenthèses au plus-que-parfait.

Rebondissement dans le procès de Louis Dupuis

Un homme s'est présenté au tribunal ce matin et a annoncé que Dupuis n' (1) _____ pas _____ (pouvoir) commettre le vol dont il est accusé. Il a expliqué que sa fille et lui (2) _____ (aller) à la plage pour la journée, le 8 juillet, le jour du vol, et que sa fille (3) _____ (voir) Dupuis. Il a expliqué qu'ils l' (4) _____ (reconnaître) tous les deux grâce à toutes les photos parues dans le journal et qu'il (5) _____ (téléphoner) à la police, mais qu'on ne l' (6) _____ pas _____ (prendre) au sérieux. Cette révélation change le cours de l'enquête. Dupuis n'est peut-être pas le véritable coupable! À suivre...

---

4 **C'est arrivé avant!** Juliette pose des questions à Noah au sujet d'une manifestation sur les droits de l'homme à laquelle il a participé. Donnez les réponses de Noah. Utilisez les indications entre parenthèses et le plus-que-parfait.

> **modèle**
>
> Tu es arrivé sur les Champs-Élysées quand la manifestation a commencé? (plus tôt)
> *Non, j'étais arrivé plus tôt sur les Champs-Élysées.*

1. Ta copine et toi, vous êtes arrivés après le début de la manifestation à cause des embouteillages? (non, une heure avant)

   _____

2. Les activistes ont choisi de s'installer devant le palais de l'Élysée juste avant la manifestation? (non, la veille)

   _____

3. Le président et sa femme sont partis à cause de la manifestation? (non, déjà)

   _____

4. Tu as vu la présidente des activistes pour la première fois ce jour-là? (non, déjà... au mois de juin)

   _____

5 **Pourquoi?** Inventez des raisons pour ces émotions. Utilisez le plus-que-parfait dans vos phrases.

> **modèle**
>
> Le président souriait. (ne pas gagner les élections)
> *Il souriait parce qu'il avait gagné les élections.*

1. Les victimes étaient en colère. (la police / ne pas arrêter les criminels)

   _____

2. Le chef de la police était furieux. (les journalistes / donner le nom du suspect)

   _____

3. Moi, j'étais ravie de lire le journal. (on y annonçait que / mon parti politique / gagner les élections)

   _____

4. Dans ma famille, nous étions tous contents. (la violence / s'arrêter dans le quartier)

   _____

5. Et vous, les jeunes Français, vous dansiez de joie dans les rues. (un excellent président / être élu)

   _____

6 **Quand...** Repensez aux dernières élections présidentielles et décrivez cinq choses que vous et votre famille aviez faites ce jour-là avant qu'on annonce les résultats.

_____

_____

_____

_____

_____

Workbook

4.2 Negation and indefinite adjectives and pronouns

1 **Le bon choix** Choisissez le bon mot pour compléter chaque phrase.

1. _____ (Plusieurs / Chaque) candidats se sont présentés aux élections.

2. La police a arrêté _____ (chacun / quelqu'un) ce matin.

3. _____ (Tout / Tous) le monde est allé voter cette année!

4. Le président lit _____ (chaque / chacun) projet de loi.

5. Je crois que _____ (quelqu'un / quelque chose) de grave est arrivé dans l'avion.

6. _____ (Autre / Une autre) femme a été attaquée dans le métro, hier.

7. _____ (Quelques-uns / Quelques) députés sont très conservateurs.

8. Les victimes? Elles sont _____ (toutes / tout) à Paris pour le procès.

2 **Extraits** Complétez ces extraits d'articles de journaux à l'aide des mots de la liste.

autres	chaque	plusieurs	telles
certaines	la plupart	quelqu'un	tous

1. ... Le ministre a déclaré que le gouvernement ne tolérerait pas de _____ menaces...

2. ... L'enquête de Dominique Juppin révèle _____ scandales dans le monde politique...

3. ... Deux _____ terroristes arrêtés à l'aéroport de Paris...

4. ... Il paraît que _____ au ministère des Affaires étrangères a été enlevé...

5. ... _____ des électeurs disent qu'ils vont voter cette année...

6. ... _____ femmes politiques libérales sont contre le projet...

7. ... _____ les militants approuvent la loi sur la défense de la nation...

8. ... Le rapport a révélé que _____ année, la violence augmente dans les banlieues...

3 **Avant le débat** Un candidat aux élections présidentielles va participer à un débat télévisé. On lui donne des conseils. Complétez les phrases à l'aide des pronoms et des adjectifs indéfinis de la liste. Utilisez chaque mot une seule fois.

autres	chaque	plusieurs	quelques
certaines	la plupart	quelque chose	tout

D'abord, quand vous parlez, il faut toujours regarder la caméra pour que le public croit

(1) _____ ce que vous dites. Ensuite, restez calme. Si vous voulez expliquer

(2) _____, attendez que votre adversaire s'arrête de parler. (3) _____

questions seront difficiles. Prenez votre temps avant d'y répondre. (4) _____ mot est

important. (5) _____ candidats ont perdu les élections après un débat télévisé parce qu'ils

ont dit (6) _____ mots de trop. D' (7) _____, au contraire, les ont gagnées

parce qu'ils avaient bien parlé. Enfin, souriez! (8) _____ des gens aiment les hommes

politiques qui sourient. Voilà, allez-y, c'est à vous!

4 **Le contraire** Trouvez l'opposé de l'expression ou du mot souligné. Ensuite, réécrivez les phrases à la forme négative.

_____ 1. Il y a <u>beaucoup de monde</u> au tribunal.   a. ne... jamais

_____ 2. Le coupable a <u>tout</u> dit à son avocat.   b. ne... pas encore

_____ 3. Le député a <u>déjà</u> gagné les élections.   c. ne... ni... ni

_____ 4. Le président est intelligent <u>et</u> juste.   d. ne... nulle part

_____ 5. <u>Tout le monde</u> a voté pour elle.   e. ne... personne

_____ 6. Il y a de la violence <u>dans le monde entier</u>!   f. ne... pas

_____ 7. Ce voleur prend <u>toujours</u> des bijoux.   g. ne... rien

_____ 8. Il y a eu <u>des</u> victimes.   h. personne... ne

1. _____

2. _____

3. _____

4. _____

5. _____

6. _____

7. _____

8. _____

5 **Mais non!** Ahmed et Hervé parlent des élections. Jouez le rôle d'Ahmed et répondez aux questions d'Hervé par la négative.

> **modèle**
>
> Tu lis souvent les articles sur la politique dans le journal, toi?
> *Non, je ne lis jamais les articles sur la politique dans le journal.*

1. Il y a des hommes politiques que tu admires?

_____

2. Tu as déjà décidé pour qui tu vas voter?

_____

3. Tu fais confiance au député de droite ou au député de gauche?

_____

4. Tu regardes tous les débats à la télévision?

_____

5. Il y a quelqu'un dans ta famille qui partage tes idées politiques?

_____

6. Tu veux encore parler des élections?

_____

4.3 Irregular *-ir* verbs

1 **Le bon choix** Choisissez la bonne forme verbale pour compléter ces phrases.

1. Quand je voyage, je _____ le monde.
   a. découvre   b. découvrez   c. découvrent

2. Regarde! L'avocate _____ du tribunal!
   a. sors   b. sortent   c. sort

3. C'est vrai, les terroristes _____ souvent jeunes!
   a. meurs   b. meurt   c. meurent

4. Si tu _____ maintenant, tu vas rater le discours du président.
   a. part   b. pars   c. partent

5. Nous, les jurés, nous _____ de rendre (*return*) notre verdict.
   a. venons   b. viens   c. viennent

6. Vous _____ votre opinion sur ce sujet?
   a. maintiens   b. maintiennent   c. maintenez

2 **Départ pour l'Afrique** Loïc va partir travailler dans un hôpital en Afrique. Complétez ce qu'il dit au sujet de cette expérience. Mettez au présent les verbes entre parenthèses.

Demain, je (1) _____ (partir) pour l'Afrique. Je vais y travailler avec l'ONG (*NGO*)

Médecins sans frontières. J'y vais avec un ami qui (2) _____ (venir), lui aussi, de finir ses

études de médecine. Les gens de Médecins sans frontières (3) _____ (ouvrir) un nouvel

hôpital au Congo et c'est là que nous allons. Je (4) _____ (tenir) à y aller parce que

là-bas, les gens (5) _____ (souffrir) trop et on y (6) _____ (mourir) encore

de maladies qui ne devraient plus être mortelles. Je (7) _____ (sentir) déjà que cette

expérience va être difficile, mais quand on (8) _____ (devenir) médecin, c'est pour aider

les autres et c'est donc ce que je veux faire.

3 **Séjour à Paris** Choisissez le verbe le plus logique et mettez-le au présent pour compléter
la conversation.

GILLES   Tu (1) _____ (partir / sortir) pour Paris, ce soir?
KARINE   Oui, et je (2) _____ (courir / revenir) la semaine prochaine.
GILLES   Qu'est-ce que tu vas faire à Paris?
KARINE   Mon amie et moi, nous (3) _____ (tenir / ouvrir) à assister à un débat sur la
            protection de l'environnement.
GILLES   Et vous (4) _____ (sentir / dormir) à l'hôtel là-bas?
KARINE   Non, en ce moment, mon oncle et ma tante, qui sont journalistes, (5) _____
            (maintenir / couvrir) un événement au Maroc, alors ils nous (6) _____
            (offrir / ouvrir) leur appartement pour la semaine.
GILLES   Super! En tout cas, faites attention si vous (7) _____ (sortir / dormir) le soir!
            Se promener dans Paris (8) _____ (venir / devenir) dangereux ces temps-ci...
KARINE   Tu exagères, Gilles! Moi, je (9) _____ (souffrir / se sentir) toujours en
            sécurité à Paris, même quand je (10) _____ (revenir / tenir) d'une fête qui a
            fini très tard!

4   **Revue des événements**   Que s'est-il passé dans le monde? D'abord, entourez le verbe principal de chaque phrase. Ensuite, donnez son infinitif. Enfin, réécrivez le verbe au passé composé.

1. Un ancien président américain meurt.

   _____

2. Un jeune Sénégalais court le marathon de Paris en moins de 20 heures.

   _____

3. Les députés découvrent le nouveau projet de loi.

   _____

4. Nous couvrons la guerre au Liban.

   _____

5. Lance Armstrong: «Je viens participer au Tour pour la dernière fois.»

   _____

6. Météo: On sent le froid approcher!

   _____

7. Après un an d'absence, la grande vedette revient sur scène (*on stage*).

   _____

8. Les avocats tiennent à dénoncer le juge et son abus de pouvoir.

   _____

5   **Et vous?**   Répondez à ces questions sur votre vie personnelle par des phrases complètes.

1. Est-ce que vos amis et vous sortez souvent le week-end? Où allez-vous?

   _____

   _____

   _____

2. Offrez-vous souvent des cadeaux à vos amis? Et à vous, que vous a-t-on offert pour votre dernier anniversaire?

   _____

   _____

   _____

3. Est-ce qu'il y a quelque chose que vous tenez vraiment à faire dans la vie? Expliquez.

   _____

   _____

   _____

   _____

   _____

Workbook

RÉDACTION

Étape 1

Lisez ce paragraphe dans lequel Jean-François commence à raconter son expérience de juré.

Je me suis levé tôt parce que c'était ma première journée au tribunal. Il avait plu pendant la nuit et il faisait très froid. J'avais pris ma douche avant de me coucher. J'ai pris mon petit-déjeuner, je me suis habillé—j'avais choisi mes vêtements à l'avance—et je suis parti au tribunal. Quand je suis arrivé là-bas, il neigeait. Il y avait déjà plusieurs autres jurés. Tous étaient arrivés encore plus tôt que moi, alors on leur avait ouvert la porte de la salle où nous devions attendre...

Quels temps Jean-François utilise-t-il? Notez tous les verbes et indiquez le temps de chacun. Puis, expliquez pourquoi il a utilisé ce temps.

_____

_____

_____

_____

_____

_____

_____

_____

Étape 2

Maintenant, à vous d'écrire le résumé d'un événement important de votre vie, en cinq ou six phrases. Utilisez ce texte comme modèle et employez les temps du passé. Attention au choix des temps!

_____

_____

_____

_____

_____

_____

_____

_____

_____

_____

_____

POUR COMMENCER

Leçon 5

1 **Équivalences** Trouvez les mots qui ont un sens similaire.

_____ 1. une gamine   a. le chaos

_____ 2. prédire   b. atteindre

_____ 3. les idéaux   c. une môme

_____ 4. l'instabilité   d. s'intégrer

_____ 5. parvenir à   e. deviner

_____ 6. s'adapter   f. les principes

2 **Langues et cultures** Complétez ces phrases à l'aide de mots et d'expressions appropriés.

1. Une personne qui ne parle qu'une seule langue n'est pas _____.

2. Quand on vit dans un autre pays, on est parfois triste quand on pense à son pays d'origine, à sa famille et à ses amis parce qu'ils nous manquent. On a _____.

3. Si, dans un pays, la natalité augmente trop vite, ce pays risque d'être _____.

4. Le français est la langue officielle de plusieurs pays d'Afrique, mais pas nécessairement _____ de la population.

5. Les immigrés ne sont pas toujours bien acceptés dans leur nouveau pays et ils se sentent souvent _____.

6. L'immigration est un sujet dont tout le monde parle en ce moment et sur lequel personne n'est d'accord. C'est une vraie _____.

3 **À vous** Que représente, pour vous, la mondialisation? Donnez une définition de ce mot en deux ou trois phrases et dites si vous pensez que c'est plutôt une bonne ou une mauvaise chose pour l'humanité. Vous pouvez vous inspirer des mots de la liste.

s'adapter	les frontières	une polémique
un but	l'humanité	les principes
le dialogue	l'incertitude	réaliser un rêve
la diversité	le patrimoine culturel	les valeurs

_____

_____

_____

_____

_____

_____

_____

_____

IMAGINEZ

L'Afrique de l'Ouest (texte pages 164–165)

Un peu d'histoire Complétez les phrases à l'aide des mots donnés.

a. Gorée	c. Pari du Cœur	e. rallye Paris-Dakar	g. Tombouctou
b. Guinée	d. Peulhs	f. Ténéré	h. Yamoussoukro

1. En 1979, Thierry Sabine a créé le _____, une course de véhicules dans le désert.

2. _____, sur le fleuve Niger, est une ville mythique qui a été fondée au 11ᵉ siècle.

3. Le _____, connu pour ses violentes tempêtes de sable, est la partie la plus aride du Sahara.

4. _____ est la capitale de la Côte d'Ivoire depuis 1983.

5. Le mont Nimba, en _____, surmonte la plus belle forêt d'Afrique de l'Ouest.

6. Les cases des _____, une tribu africaine, sont de véritables œuvres d'art.

7. Sur l'île très touristique de _____, près de Dakar, au Sénégal, on peut voir un ancien fort et de jolies maisons coloniales.

8. Thierry Sabine et le chanteur français Daniel Balavoine ont créé le _____, une association dont le but était principalement d'apporter des pompes à eau aux populations du Sahel.

Découvrons l'Afrique de l'Ouest

À votre tour Écrivez quatre phrases sur la photographie à l'aide de ces questions: Qu'est-ce que c'est? Dans quelle ville est-ce? Que savez-vous au sujet de cette ville?

_____

_____

_____

_____

_____

_____

_____

_____

_____

_____

_____

Galerie de créateurs (texte pages 168–169)

1 **La sculpture**

A. Identifiez cette œuvre. Quel est son titre? Qui est l'artiste? Dites une chose que vous savez de lui.

_____

_____

_____

_____

B. Regardez cette œuvre dans votre livre. Que représente-t-elle? Vous plaît-elle? Pourquoi?

_____

_____

_____

2 **Questions**

1. Qui est Ousmane Sembène? Décrivez les sujets qui l'intéressent.

_____

_____

2. À quelle(s) forme(s) d'art Véronique Tadjo est-elle associée? D'où vient son inspiration?

_____

_____

3. Qui était Seydou Keïta? Quel était son thème préféré?

_____

_____

4. Qu'est-il arrivé au Mali en 1960? Quel(le) artiste a été affecté(e) par ce changement?

_____

_____

3 **À votre tour** Quelle autre personne d'Afrique de l'Ouest est connue aux États-Unis? Expliquez pourquoi. Si vous ne connaissez personne, dites lequel des quatre artistes présentés vous intéresse le plus, et pourquoi.

_____

_____

_____

_____

_____

_____

_____

_____

_____

Workbook

STRUCTURES

5.1 Partitives

1   **Le bon choix** Choisissez le bon article partitif pour compléter chaque phrase.

1. À mon avis, il y a trop _____ abus en politique.

     a. d'   b. du   c. des

2. Les immigrés doivent avoir _____ difficulté à s'intégrer quand ils ne parlent pas la langue.

     a. de la   b. du   c. de

3. Il y a toujours _____ instabilité au Rwanda.

     a. du   b. des   c. de l'

4. Il faut beaucoup _____ courage pour quitter son pays et sa famille.

     a. du   b. de la   c. de

5. Il n'y a pas assez _____ aides pour les jeunes qui cherchent un premier emploi.

     a. des   b. d'   c. de l'

6. La plupart _____ jeunes ne pensent pas assez tôt à leur avenir.

     a. de   b. du   c. des

7. _____ chaos? Il y en aura toujours quelque part dans le monde!

     a. Du   b. De la   c. Des

8. Avoir de quoi manger tous les jours, ce n'est pas _____ luxe!

     a. de la   b. du   c. de

2   **Une carte postale** Seydou, un étudiant de Côte d'Ivoire, vient d'arriver à Paris, où il va étudier à la Sorbonne pendant un an. Il écrit une carte postale à sa famille. Complétez le texte à l'aide d'articles partitifs.

Cher papa, chère maman,

Me voici donc à Paris. Quand je suis arrivé à l'aéroport, j'ai eu (1) _____ mal à trouver le bon bus, mais finalement j'ai réussi à aller à mon nouvel appartement. Paris, c'est incroyable. Il y a toujours (2) _____ monde et (3) _____ animation dans les rues! J'adore mon nouveau quartier près de la Sorbonne parce qu'il y a (4) _____ diversité. Il y a même un restaurant ivoirien dans ma rue! J'ai mangé là-bas hier soir. J'ai pris (5) _____ attiéké et (6) _____ poulet Kedjenou avec (7) _____ légumes. C'était bon, mais bien sûr, pas aussi bon que quand c'est toi, maman, qui fait la cuisine.

Vous me manquez tous et il va me falloir (8) _____ courage pour passer toute l'année sans vous. J'espère que vous viendrez me rendre visite à Paris.

À bientôt,

Seydou

3 **Au café** Seydou a terminé sa première journée de cours à la Sorbonne. Il a rencontré Sonya, une étudiante française. Ils ont décidé d'aller ensemble au café. Complétez leur conversation à l'aide d'articles définis, indéfinis ou partitifs.

SONYA	Alors, Seydou, qu'est-ce que tu veux boire? (1) _____ café?
SEYDOU	Non, je n'aime pas (2) _____ café. Je vais prendre (3) _____ eau minérale.
SONYA	Alors, qu'est-ce que tu penses de la Sorbonne?
SEYDOU	J'aime bien. Il y a beaucoup (4) _____ étudiants étrangers, c'est sympa!
SONYA	Oui, c'est super! Et Paris, ça te plaît?
SEYDOU	Tu sais, je ne connais pas encore bien (5) _____ ville, mais je trouve qu'elle a (6) _____ charme, avec tous ces vieux bâtiments.
SONYA	Tu as déjà visité (7) _____ musées?
SEYDOU	Non, pas encore, mais j'ai (8) _____ temps libre cet après-midi, alors je vais aller au Louvre.
SONYA	Oh là là! Bon courage! Il va te falloir (9) _____ patience. Il y a toujours un monde incroyable à l'entrée. Dis-moi, qu'est-ce que tu fais ce week-end? Je pense faire (10) _____ dîner chez moi. Ça te dit de venir?
SEYDOU	Oui, bonne idée!

4 **Le dîner chez Sonya** Seydou a proposé d'aider Sonya à organiser son dîner. Ce matin, ils font les courses ensemble. Inventez les réponses de Sonya aux questions que pose Seydou. Utilisez des expressions de quantité (kilo, litre, boîte, bouteille, paquet).

1. Il te faut beaucoup de pommes de terre?

_____

2. Et on prend de l'eau minérale?

_____

3. On achète de la sauce tomate?

_____

4. On prend du vin?

_____

5. On achète aussi du sucre?

_____

5 **Un e-mail** Après le dîner chez Sonya, Seydou décide d'écrire un e-mail à son meilleur ami. Jouez le rôle de Seydou et racontez en quatre ou cinq phrases votre soirée avec Sonya et ses amis. Utilisez une variété d'articles partitifs, définis et indéfinis.

_____

_____

_____

_____

_____

_____

5.2 The pronouns *y* and *en*

1

Possible ou pas? Mettez un X devant les phrases dans lesquelles on peut remplacer les mots soulignés par le pronom **en**.

_____ 1. Mon ami ne veut pas parler <u>des abus qu'il y a dans son pays.</u>

_____ 2. Je n'aime pas vivre <u>dans ce chaos et cette instabilité</u>.

_____ 3. Quand on vit dans un pays étranger, il faut essayer <u>de s'assimiler</u>.

_____ 4. Dans la vie, il est important d'avoir <u>des principes</u>.

_____ 5. Le président et sa femme reviennent <u>d'Afrique</u> demain soir.

_____ 6. Il n'y a plus <u>de dialogue entre les deux partis politiques</u>.

_____ 7. Tu es d'accord <u>pour aller à la manifestation</u>?

_____ 8. Elle n'a plus la force <u>de supporter cette maltraitance</u>.

_____ 9. Il est parti <u>au collège</u> ce matin.

_____ 10. Nous rêvons <u>d'un meilleur niveau de vie</u>.

2

Remplacements Lisez chaque phrase, puis indiquez quel(s) groupe(s) de mots le pronom **y** peut remplacer. Il peut y en avoir plusieurs.

_____ 1. Le développement y est difficile.

    a. dans certains pays pauvres   b. d'idéaux   c. d'Abidjan

_____ 2. L'homme politique va y répondre après la conférence.

    a. aux journalistes   b. aux questions   c. aux émigrés

_____ 3. Elle y combat.

    a. en Afrique   b. pour la préservation du   c. pour la globalisation
                          patrimoine culturel

_____ 4. J'y pense beaucoup.

    a. à mes parents   b. de mon rêve   c. à la polémique

_____ 5. Elle y a eu peur.

    a. de ne pas pouvoir   b. à la frontière   c. chez Martin
       s'intégrer

_____ 6. On s'y attend.

    a. de nos amis   b. à une forte augmentation   c. dans la lettre de nos parents
                          de la natalité

_____ 7. Vous vous y intégrez.

    a. dans votre nouveau pays   b. à votre nouvelle vie   c. dans votre nouvelle maison

_____ 8. Il y est parvenu.

    a. à s'enrichir   b. à lancer sa campagne   c. à être élu sénateur

3 **Trop de répétitions** Une étudiante en sociologie pose des questions à un jeune Marocain qui habite maintenant en France. Réécrivez ses réponses et utilisez **y** ou **en** pour éviter les répétitions.

1. —Est-ce que vous avez eu des difficultés au début?

(oui, j'ai eu beaucoup de difficultés)

—_____

2. —Vous avez trouvé du travail assez facilement?

(non, j'ai eu du mal à trouver du travail)

—_____

3. —Vous rendez souvent visite à votre famille au Maroc?

(oui, je vais au Maroc deux fois par an)

—_____

4. —Et maintenant, vous vous êtes bien habitué à la vie en France?

(oui, je me suis très bien habitué à la vie en France)

—_____

5. —Avez-vous parfois envie de retourner vivre dans votre pays?

(non, je n'ai pas envie de retourner vivre dans mon pays)

—_____

6. —Pensez-vous rester en France pour toujours?

(oui, je pense rester en France pour toujours)

—_____

4 **Un entretien d'embauche** Imaginez que vous vouliez travailler pour une organisation internationale au Sénégal. On vous pose des questions à l'entretien d'embauche. Répondez-y et utilisez les pronoms **y** et **en**.

1. Avez-vous déjà travaillé en Afrique?

_____

2. Nos bureaux sont à Dakar. Êtes-vous déjà allé(e) dans cette ville?

_____

3. Parlez-vous plusieurs langues?

_____

4. Avez-vous un diplôme en communication ?

_____

5. Pensez-vous que vous pouvez vous adapter à la vie dans un pays africain?

_____

6. Espérez-vous acquérir une expérience professionnelle avec nous?

_____

5.3 Order of pronouns

1 **Quels antécédents?** Entourez les pronoms dans chaque phrase. Puis, associez chacun de ces pronoms avec son antécédent.

> **modèle**
> Je l'y ai vue samedi matin.
> a. à l'université   b. Sophie
> *l' (b), y (a)*

1. Ne lui en parle pas!
   a. à Paul   b. de ses principes
   _____

2. Comment? Elle vous l'a dit hier?
   a. son secret   b. à Virginie et à Norbert
   _____

3. Ils vous y retrouvent ce soir.
   a. au centre de formation   b. Monique et Louis
   _____

4. Tu ne vas pas les lui donner?
   a. à Juliette   b. les nouvelles
   _____

2 **Double pronom** Lisez les phrases et donnez les pronoms appropriés pour remplacer les groupes de mots soulignés. Puis, notez l'ordre dans lequel ils devraient apparaître. Ensuite, réécrivez les phrases à l'aide des pronoms. Des changements peuvent être nécessaires.

> **modèle**
> J'ai écrit <u>la lettre</u> <u>à Maxime</u> jeudi dernier.
>   *la (1)   lui (2)*
> *Je la lui ai écrite jeudi dernier.*

1. Elle parle toujours <u>aux enfants</u> <u>de ses années passées en Afrique</u>.
   _____
   _____

2. Le propriétaire mentionne souvent <u>les problèmes d'intégration</u> <u>à ses clients</u>.
   _____
   _____

3. Je crois que Pascaline a vu <u>Maeva</u> <u>au cinéma</u>.
   _____
   _____

4. J'ai acheté <u>ce livre sur la mondialisation</u> <u>pour ton frère et toi</u>.
   _____
   _____

5. Il n'y a jamais <u>de problèmes</u> <u>à la frontière</u>.
   _____
   _____

Workbook

3 **À compléter** Vanessa et Diyen, qui est d'origine vietnamienne, parlent de l'arrivée de la famille de Diyen en France. Utilisez les éléments entre parenthèses pour compléter la conversation. Utilisez tous les pronoms possibles et faites bien attention à leur placement dans la phrase.

> **VANESSA** Quand est-ce que tes parents ont quitté le Viêt-nam?
> **DIYEN** (en 1980)
> (1) _____
>
> **VANESSA** Et ils ont retrouvé des membres de votre famille à Paris?
> **DIYEN** (non)
> (2) _____
> Mais ils avaient des cousins à Marseille.
>
> **VANESSA** Ah oui? Est-ce que ces cousins ont invité tes parents à Marseille?
> **DIYEN** (oui, tout de suite)
> (3) _____
>
> **VANESSA** Ils ont apporté beaucoup d'aide à tes parents au départ, je suppose.
> **DIYEN** (oui, beaucoup)
> (4) _____
>
> **VANESSA** Et tes parents ont trouvé du travail sans problème?
> **DIYEN** (oui, assez rapidement)
> (5) _____
>
> **VANESSA** Est-ce que vous célébrez les fêtes traditionnelles vietnamiennes?
> **DIYEN** (oui, tous les ans)
> (6) _____
>
> **VANESSA** Aimerais-tu aller au Viêt-nam un jour?
> **DIYEN** (oui, bien)
> (7) _____

4 **Questions personnelles** Répondez aux questions et utilisez tous les pronoms possibles dans vos réponses. Attention à leur placement et aux accords!

1. Mentionnez-vous souvent vos difficultés à vos parents?

   _____

2. Avez-vous décrit vos projets d'avenir aux membres de votre famille?

   _____

3. Quand ça ne va pas, parlez-vous de vos problèmes personnels à vos amis?

   _____

4. Et vos amis, vous disent-ils ce qui ne va pas?

   _____

5. Est-ce que vous vous intéressez aux problèmes des autres, en général?

   _____

6. Est-ce que vous aimez offrir des bonbons aux enfants, à Halloween?

   _____

7. Est-ce que vous donnez parfois de l'argent à des associations qui s'occupent de causes importantes?

   _____

RÉDACTION

Étape 1

Lisez ce paragraphe dans lequel quelqu'un parle de son expérience d'émigré.

Je suis arrivé aux États-Unis en 1988. Je suis venu aux États-Unis pour faire des études de médecine. J'allais être étudiant à l'Université de Los Angeles. À mon arrivée, j'ai cherché un appartement à Los Angeles, mais je n'ai pas trouvé d'appartement à Los Angeles. J'étais très inquiet et j'ai pensé que mon ami Amadou, qui habitait à Los Angeles depuis longtemps, pourrait peut-être m'aider, alors j'ai téléphoné à Amadou. J'ai demandé à Amadou s'il avait des conseils à me donner. Il m'a dit qu'il avait justement un ami qui cherchait un colocataire et il a dit qu'il allait parler à cet ami. Deux jours plus tard, Amadou m'a présenté son ami. Et là, je me suis rendu compte que je connaissais déjà son ami. Il est du village de Tokou et moi aussi, je viens du village de Tokou! Quand nous habitions dans le village de Tokou, nous étions voisins! Incroyable, non?

Qu'est-ce que vous avez remarqué dans ce paragraphe? Est-ce qu'il est bien écrit? Que pourrait-on faire pour améliorer sa qualité? Réécrivez-le et évitez les répétitions.

_____

_____

_____

_____

_____

_____

_____

_____

_____

_____

_____

_____

Étape 2

Maintenant, imaginez que vous veniez de quitter les États-Unis pour partir vivre dans un pays d'Afrique francophone où vous allez travailler pour le *Peace Corps* pendant six mois. Racontez en cinq ou six phrases votre arrivée et votre première semaine en Afrique. Utilisez des pronoms pour rendre votre rédaction plus fluide.

_____

_____

_____

_____

_____

_____

POUR COMMENCER

Leçon 6

1 **Trouvez l'intrus** Dans chaque liste, trouvez et entourez le mot qui ne va pas avec les autres. Ensuite, utilisez les cinq mots que vous avez entourés pour compléter les phrases.

A. a. l'hypermarché / la supérette / la jeunesse

  b. l'épouse / la volaille / la nièce

  c. soutenir / punir / respecter

  d. des citrons verts / des épinards / des asperges

  e. la maturité / la vieillesse / le surnom

B. 1. Au restaurant universitaire, on sert souvent du poulet. Je suis content parce que moi, j'adore _____.

  2. Nous devons aller chercher des _____ au marché.

  3. Mes neveux sont égoïstes et gâtés. Mon frère devrait souvent les _____.

  4. Mon frère s'appelle Jean-François, mais il préfère _____ de «Jeff».

  5. Dans sa _____, mon grand-père a quitté sa patrie pour aller travailler dans un autre pays.

2 **La famille de Christophe** Votre nouveau correspondant français, Christophe, vous a envoyé une photo de sa famille avec une lettre dans laquelle il la décrit. Vous montrez cette photo à une amie. Seulement, vous avez perdu la lettre de Christophe, alors il faut que vous la lui décriviez en cinq ou six phrases.

Christophe

_____

_____

_____

_____

_____

_____

_____

_____

IMAGINEZ

L'Afrique du Nord et le Liban (texte pages 204–205)

Vrai ou faux? Indiquez si les phrases sont **vraies** ou **fausses** et corrigez les fausses à l'aide de phrases complètes.

	Vrai	Faux
1. Le cèdre est l'emblème du Liban.	○	○

_____

| 2. À Carthage, en Tunisie, il y a un site archéologique majeur d'Afrique du Nord. | ○ | ○ |

_____

| 3. Casablanca est la capitale du Maroc. | ○ | ○ |

_____

| 4. La Casbah est le nom d'une chaîne de montagnes au Liban. | ○ | ○ |

_____

| 5. Dans la Médina de Fès, on peut admirer le travail des artisans marocains. | ○ | ○ |

_____

Découvrons le Maghreb

À votre tour Écrivez quatre ou cinq phrases sur la photographie à l'aide de ces questions: Quelle ville est-ce? Dans quel pays se trouve-t-elle? Que savez-vous à son sujet?

_____

_____

_____

_____

_____

_____

_____

_____

_____

_____

_____

Galerie de créateurs (texte pages 208–209)

1 **La couture**

A. Identifiez cette photographie. Quel est le nom du couturier qui a créé ces vêtements? D'où vient-il? Que savez-vous de lui?

_____

_____

_____

_____

B. Regardez cette photographie dans votre livre. Que représente-t-elle? Les vêtements vous plaisent-ils? Pourquoi?

_____

_____

_____

_____

2 **Questions**

1. Quel est le style du groupe Djur Djura? De quoi parlent ses chansons?

_____

_____

_____

2. Qu'est-ce qui a motivé Nadia Tuéni à écrire? Quels sont ses deux thèmes principaux?

_____

_____

_____

3. Décrivez en trois phrases la vie et la carrière d'Yves Saint Laurent.

_____

_____

_____

3 **À votre tour** Quelle autre personne d'Afrique du Nord est connue aux États-Unis? Expliquez pourquoi. Si vous ne connaissez personne, dites lequel des quatre artistes présentés vous intéresse le plus, et pourquoi.

_____

_____

_____

_____

_____

_____

_____

_____

STRUCTURES

6.1 The subjunctive: impersonal expressions; will, opinion, and emotion

1 **Subjonctif ou pas?** Boris parle d'une réunion de famille qui va avoir lieu le week-end prochain. Entourez la bonne forme verbale pour compléter chaque phrase.

1. J'espère que Noémie (ne va pas être / ne soit pas) en retard.

2. Je suis vraiment fâché que nos cousins (ne veuillent pas / ne veulent pas) venir.

3. Est-ce que vous (croyez / croyiez) que Natacha va arriver samedi soir?

4. Il est étonnant que le demi-frère de Jules (sait / sache) comment venir ici.

5. Mamie (*Grandma*) nous demande (de passer / qu'on passe) à la supérette.

2 **Le bon choix** Quelques jours avant la réunion de famille, Boris en discute avec son frère. Choisissez la forme correcte du subjonctif pour compléter ses phrases.

1. Il est dommage que notre tante Inès ne _____ pas venir.
   a. puisse   b. puissiez   c. puissent

2. Il est étonnant que Carole _____ avec son petit ami.
   a. venions   b. viennes   c. vienne

3. Il est important que tout le monde _____ là samedi matin.
   a. sois   b. soyons   c. soit

4. Il est possible qu'il _____ mauvais temps samedi soir.
   a. fassiez   b. fasse   c. fassions

5. Il est indispensable que tu _____ à oncle Guillaume.
   a. téléphoniez   b. téléphones   c. téléphone

3 **Un e-mail** Nathan, un cousin de Boris, et sa femme Patricia ne veulent pas venir à la réunion de famille. Boris envoie un e-mail à Nathan pour essayer de le convaincre. Mettez au subjonctif les verbes entre parenthèses pour compléter son e-mail.

Cher Nathan,

Je suis étonné que ta femme et toi, vous n' (1) _____ (avoir) pas envie de venir à notre

réunion de famille. Tout le monde aimerait que tu (2) _____ (venir). Je sais que tu ne

t'entends pas avec oncle Gérard, mais il est très probable qu'il n' (3) _____ (arriver) pas

avant dimanche parce qu'il faut que ses enfants (4) _____ (aller) au musée avec leur école,

samedi. Alors, je propose que toi et Patricia, vous (5) _____ (prendre) la route tout de

suite après le travail vendredi. Il est possible qu'il (6) _____ (pleuvoir), alors je veux que

tu (7) _____ (être) très prudent sur la route. Nous pourrons passer la journée de samedi

tous ensemble et vous pourrez repartir dimanche matin avant l'arrivée d'oncle Gérard. Mamie sera si

contente que nous (8) _____ (être) tous réunis!

À ce week-end, j'espère!

Boris

4 **Pendant la réunion de famille** Boris discute avec sa jeune cousine Cathy. Choisissez des verbes et mettez-les au subjonctif. Soyez logique!

aller	avoir	étudier	partir
s'amuser	chercher	faire	réussir

BORIS   Alors, Cathy? Comment ça va au lycée? Il est important que tu (1) _____ sérieusement, tu sais.

CATHY   Oui, je sais. Il faut absolument que je/j' (2) _____ le bac à la fin de l'année. À ton avis, il vaut mieux que je/j' (3) _____ à l'université ou que je/j' (4) _____ un travail?

BORIS   Il est important que tous les jeunes (5) _____ des diplômes aujourd'hui, alors je suggère que tu (6) _____ des études à l'université.

CATHY   Oui, tu as sûrement raison. Après le bac, mes copains du lycée veulent que nous (7) _____ en vacances tous ensemble. Qu'est-ce que tu en penses?

BORIS   C'est une bonne idée. Il est bon que vous (8) _____ un peu avant de commencer la fac!

5 **Tante Lucille** Lucille est une tante de Boris qui est très autoritaire et qui critique toujours tout. Recréez ses phrases à l'aide des éléments donnés et employez le subjonctif.

1. il est dommage / vous, les jeunes / oublier vos racines

    _____

2. il faut / les grands-parents / réfléchir plus à l'héritage qu'ils vont laisser

    _____

3. je / ne pas penser / nous / punir assez les enfants de nos jours

    _____

4. je / regretter / toi, Nathan / ne pas s'entendre avec Gérard

    _____

5. je / avoir peur / le fossé des générations / devenir de plus en plus important

    _____

6 **Et vous?** Et vous, est-ce que, comme tante Lucille, vous avez beaucoup de regrets et vous critiquez tout, ou bien est-ce que vous êtes plutôt optimiste? Écrivez quatre ou cinq phrases au subjonctif pour expliquer votre point de vue.

> **modèle**
>
> *Je suis content(e) que tout le monde s'entende bien dans ma famille.*

_____

_____

_____

_____

6.2 Demonstrative pronouns

1 **En route** Nathan et sa femme Patricia ont décidé d'aller à la réunion de famille. Patricia ne connaît pas tout le monde dans la famille de Nathan, alors en route, elle lui pose des questions. Choisissez les bons pronoms démonstratifs pour compléter ses questions.

1. Boris, c'est _____ qui t'a envoyé l'e-mail pour te demander de venir?
   a. celui   b. ceux   c. celle

2. Tes grands-mères sont _____ qui ont organisé la réunion de famille?
   a. celle   b. ceux   c. celles

3. Lucille, c'est _____ qui critique toujours tout?
   a. ceux   b. celui   c. celle

4. Et _____ qui passe le bac à la fin de l'année, c'est qui? C'est Cathy, non?
   a. celles   b. celui   c. celle

5. Gérard, c'est _____ avec qui tu ne t'entends pas?
   a. celui   b. ceux   c. celles

6. Paul et Marthe, ce sont bien _____ qui habitent à Alger, n'est-ce pas?
   a. celles   b. ceux   c. celui

2 **À la supérette** Boris et Cathy sont allés faire des courses à la supérette pour la réunion de famille. Utilisez des pronoms démonstratifs pour compléter leur conversation.

BORIS   Bon, qu'est-ce qu'on prend? Des fruits? (1) _____-ci ne sont pas très beaux!

CATHY   Tu as raison! Prenons plutôt des fromages. Moi, je vais prendre (2) _____-ci.
Il est délicieux! Et (3) _____-là aussi... Ils ont l'air bons. On prend aussi du
pâté pour (4) _____ qui n'aiment pas le fromage?

BORIS   Non, prenons plutôt du saumon fumé. Regarde (5) _____-là! Il est parfait.
Ah! Et des asperges pour aller avec le saumon! Prenons (6) _____ qui sont
là-bas. Elles sont plus fraîches que (7) _____-ci.

CATHY   Et comme dessert? Cette tarte aux fruits peut-être?

BORIS   Non, ce n'est pas la peine. Mamie a fait une tarte au citron et crois-moi,
(8) _____ de mamie est excellente!

3 **Une photo de famille** Nathan et Patricia sont arrivés et regardent un album de photos. Complétez la description de Nathan à l'aide des mots proposés. Utilisez chaque mot une seule fois.

ça	celles	ce sont	ceux	que
celle	celui	c'est	dont	qui

Alors, (1) _____, c'est une photo de moi à l'âge de huit ans. Et (2) _____

qui est à côté de moi, (3) _____ mon père. Là, (4) _____ mes cousins, Pierre

et Jérémy, les garçons (5) _____ je t'ai parlé, tu sais, (6) _____ qui font

leurs études en Belgique. La femme (7) _____ tu vois là, c'est ma tante Martine. C'est

la mère de Julie et de Pauline, (8) _____ qui jouent très bien du piano. Et la petite fille

(9) _____ joue avec le chien, c'est ma cousine Alexia, (10) _____ qui est

journaliste à Dakar maintenant.

4   **Au dîner** Toute la famille est à table pour le dîner. La grand-mère de Nathan pose des questions à Patricia qu'elle vient de rencontrer. Écrivez les réponses de Patricia, d'après les indications données. Utilisez des pronoms démonstratifs et **que**, **qui** ou **dont**.

> *modèle*
>
> —Quelles boissons est-ce que tu aimes, Patricia? (pas trop sucrées / être)
> —*J'aime celles qui ne sont pas trop sucrées.*

1. —Quel fromage est-ce que tu préfères, Patricia? (Cathy / acheter)

   —_____

2. —Qu'est-ce que tu achètes souvent comme légumes? (biologiques / être)

   —_____

3. —Tu connais toutes les cousines de Nathan? (près de chez nous / habiter)

   —_____

4. —Tu t'entends bien avec les deux sœurs de Nathan? (professeur / s'entendre mieux avec)

   —_____

5   **Un petit cousin très bavard** Léo est un des petits cousins de Boris. C'est un fan de Hollywood et il essaie d'expliquer à sa grand-mère qui sont ces personnes. Jouez son rôle et créez ses phrases. Utilisez des pronoms démonstratifs et **que**, **qui** ou **dont**.

> *modèle*
>
> Tom Cruise
> *C'est celui qui a joué dans* Mission Impossible.

1. Terry Hatcher et Eva Longoria

   _____

2. George Clooney

   _____

3. Audrey Tautou

   _____

4. Matt Damon et Ben Affleck

   _____

6   **Et vous?** Comment sont les membres de votre famille? Décrivez-en plusieurs. Vous devez utiliser les quatre pronoms démonstratifs et **que**, **qui** ou **dont**.

> *modèle*
>
> *Dans ma famille, celui qui est le plus gâté, c'est mon petit frère, Jason.*

_____

_____

_____

_____

_____

_____

     Leçon 6 Workbook   **57**

Workbook

6.3 Irregular -re verbs

1 **À table** La famille de Boris est en train de dîner. Entourez la bonne forme verbale.

1. Boris, tu (mets / met / mettent) des verres sur la table, s'il te plaît?

2. Nathan et Patricia, vous (conduis / conduisent / conduisez) une Renault?

3. Moi, je (prend / prends / prennent) encore du saumon. Il est délicieux!

4. Boris et moi, nous (boivent / buvons / bois) du vin avec le repas.

5. Tante Lucille (se plaint / vous plaignez / se plaignent) encore!

6. Mamie (suis / suit / suivent) un régime sans sel.

2 **Une grand-mère vraiment curieuse** La grand-mère de Nathan continue à poser des questions à Patricia. Écrivez ses questions.

1. Patricia, tu / suivre combien de cours à l'université

_____

2. vous / lire beaucoup en cours

_____

3. les étudiants / apprendre beaucoup de choses à l'université

_____

4. tes parents / vivre aussi à Nantes

_____

5. Nathan et toi, vous / croire que vous allez avoir des enfants

_____

3 **Mais non!** Le grand-père de Nathan perd la mémoire et il confond (*confuses*) le présent et le passé. Corrigez ce qu'il dit et mettez les phrases au passé composé.

> **modèle**
> Tu dis à Boris d'aller à l'hypermarché? (hier)
> *Mais non! J'ai dit à Boris d'aller à l'hypermarché hier!*

1. Patricia et toi, vous prenez votre voiture pour venir à la réunion aujourd'hui? (hier matin)

_____

2. Votre petite cousine Anaïs naît aujourd'hui? (lundi dernier)

_____

3. J'écris une lettre à mon frère aujourd'hui? (le mois dernier)

_____

4. Nadège et son mari vivent à Québec cette année? (l'année dernière)

_____

5. Mamie et moi, nous allons au parc cet après-midi? (hier après-midi)

_____

Workbook

4 **À compléter** Patricia discute avec son mari de la réunion de famille. Utilisez les verbes donnés pour compléter la conversation. Attention! Certains doivent être au passé.

connaître	croire	dire	reconnaître
craindre	déplaire	mettre	ne pas sourire

PATRICIA Dis, Nathan, est-ce que tu (1) _____ que je/j' (2) _____ à ta grand-mère? Elle n'arrête pas de me poser des questions et elle ne me/m' (3) _____ une seule fois depuis que nous sommes arrivés.

NATHAN Ne t'inquiète pas, Patricia. Mamie est comme ça. Elle (4) _____ toujours beaucoup de temps à s'habituer aux gens qu'elle ne (5) _____ pas bien.

PATRICIA Mais tu ne sais pas ce que tu racontes, toi! Hier, tu me/m' (6) _____ qu'elle était très sympa!

NATHAN Ben... C'est que je ne voulais pas te faire peur! Je/J' (7) _____ que tu ne veuilles plus venir avec moi à cette réunion de famille, si je te disais la vérité.

PATRICIA Alors, tu (8) _____ que tu exagères!

NATHAN Oui, oui, je m'excuse, Patricia.

5 **Les observations de Patricia** Maintenant, Patricia connaît un peu mieux la famille de Nathan et fait des observations. Inventez-en cinq. Aidez-vous des verbes donnés et employez le présent ou le passé.

modèle

Tante Lucille se plaint toute la journée!

apprendre	dire	se plaindre	rire
comprendre	mettre	plaire	suivre
croire	paraître	reconnaître	vivre

1. Cathy _____

2. Boris _____

3. Tante Lucille _____

4. Léo _____

5. La grand-mère _____

6 **À vous!** Maintenant, faites des observations sur quatre ou cinq membres de votre famille. Utilisez des verbes irréguliers en -re.

_____

_____

_____

_____

_____

_____

_____

RÉDACTION

Étape 1

Préparez-vous à créer un dialogue entre Boris et son cousin Nathan au sujet de la réunion de famille à laquelle ils participent. Utilisez le vocabulaire et les points de grammaire de la leçon.

- Faites une liste des membres de la famille qui sont apparus dans les activités précédentes et prenez des notes.

- Relisez les activités des trois sections de grammaire si nécessaire.

- Essayez de trouver des sujets de discussion pour lesquels vous utiliserez le vocabulaire et la grammaire de ce chapitre.

modèle

NATHAN   *Je suis content que Gérard ne soit pas là.*
BORIS   *Oui, moi aussi. Je le trouve très égoïste et il prend les choses trop au sérieux.*
NATHAN   *C'est vrai! Dans la famille, c'est celui que je ne comprends vraiment pas.*
BORIS   *Tu sais, sa fille lui ressemble de plus en plus!*
NATHAN   *Ah oui? Laquelle?*
BORIS   *Celle qui a douze ans...*

Étape 2

Maintenant, à vous d'inventer un dialogue! Écrivez huit à dix phrases.

_____

_____

_____

_____

_____

_____

_____

_____

_____

_____

_____

_____

_____

_____

_____

_____

_____

POUR COMMENCER

Leçon 7

1 **Synonymes** Pour chaque terme, entourez celui qui lui correspond le mieux.

1. **soigner:** guérir / cloner / créer

2. **le cyberespace:** un CD / le web / l'informatique

3. **une découverte:** la gravité / une invention / une cellule

4. **un scientifique:** un extraterrestre / un ovni / un chercheur

5. **avancé:** éthique / spécialisé / innovant

2 **Utilisez vos connaissances** Complétez ces phrases à l'aide des mots que vous avez entourés dans l'activité 1. Faites les changements nécessaires.

1. Mon frère est _____ dans le domaine de la génétique.

2. J'espère qu'un jour, on va pouvoir _____ tous les cancers.

3. _____ ont inventé un nouveau télescope révolutionnaire.

4. Quand j'ai du temps libre, j'aime surfer sur _____.

5. Moi, je trouve que le téléphone portable est _____ formidable!

3 **La science et la technologie** Utilisez chaque terme ou expression dans une phrase.

1. un mot de passe

   _____

   _____

2. graver un CD

   _____

   _____

3. un moteur de recherche

   _____

   _____

4. un ovni

   _____

   _____

5. un astronaute

   _____

   _____

6. un scientifique

   _____

   _____

IMAGINEZ

La Belgique, la Suisse et le Luxembourg (texte pages 242–243)

Complétez Complétez ces phrases à l'aide des mots de la liste.

| a. Atomium | c. Genève | e. Manneken-Pis | g. système bancaire |
| b. Croix-Rouge | d. horloge fleurie | f. place d'Armes | h. Wallonie |

1. L'ONU et la _____ ont leur siège en Suisse.

2. En Belgique, on parle français dans la partie sud du pays, en _____.

3. Le Luxembourg est réputé pour son _____ et son shopping de luxe.

4. _____ est la plus grande ville francophone de Suisse.

5. À Luxembourg, on aime se détendre dans les cafés et les restaurants de la _____.

6. Le/L'_____, une statue en bronze d'un jeune garçon, est une des attractions touristiques les plus connues de Bruxelles.

7. Le/L'_____, une construction de 102 mètres de haut en forme de molécule de fer, a été assemblé pour l'Exposition universelle de 1958.

8. À Genève, on peut admirer le Jardin anglais et la/l'_____ sur la rive gauche de la rade.

Découvrons la Belgique, le Luxembourg et la Suisse

À votre tour Écrivez quatre ou cinq phrases sur la photographie à l'aide de ces questions: Comment s'appelle ce site? Dans quel pays se trouve-t-il? Que savez-vous à son sujet?

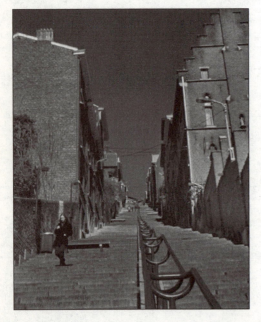

_____

_____

_____

_____

_____

_____

_____

_____

_____

_____

_____

Galerie de créateurs (texte pages 246–247)

1 **L'art**

A. Identifiez cette œuvre. Qui est l'artiste et d'où vient-elle? Décrivez une de ses sources d'inspiration.

_____

_____

_____

_____

_____

_____

B. Regardez cette œuvre dans votre livre. Que représente-t-elle? Vous plaît-elle? Pourquoi?

_____

_____

_____

_____

2 **Questions**

1. Qui était Robert Schuman? Quel a été son rôle dans la construction de l'Europe?

_____

_____

_____

2. Qui est Amélie Nothomb? Décrivez son style littéraire en deux ou trois phrases.

_____

_____

_____

3. Qui sont Jean-Pierre et Luc Dardenne? Qu'ont-ils gagné en 1999 et en 2005? Pourquoi?

_____

_____

_____

3 **À votre tour** Quel(le) autre Belge, Suisse ou Luxembourgeois(e) est connu(e) aux États-Unis? Expliquez pourquoi. Si vous ne connaissez personne, dites lequel des quatre artistes présentés vous intéresse le plus, et pourquoi.

_____

_____

_____

_____

_____

_____

_____

Leçon 7 Workbook   **63**

STRUCTURES

7.1 The comparative and superlative of adjectives and adverbs

1 **Le bon choix** Complétez ces phrases.

1. Les ordinateurs portables sont _____ petits que les ordinateurs de la salle d'informatique.

   a. moins   b. plus   c. aussi

2. On étudie _____ à la bibliothèque que dans un café.

   a. mieux   b. mal   c. pire

3. Le TGV est le train _____ du monde.

   a. plus rapidement   b. meilleur   c. le plus rapide

4. De toutes les actrices, à mon avis, c'est celle-ci qui joue _____.

   a. le plus mal   b. la plus mauvaise   c. meilleure

5. Paris est une ville _____ intéressante que New York.

   a. la plus   b. aussi   c. bien

2 **Logique ou illogique?** Indiquez si chaque phrase est logique (**L**) ou illogique (**I**). Ensuite, corrigez les phrases illogiques.

_____ 1. Tony Parker joue mal au basket.

_____

_____ 2. Arnold Schwarzenegger est physiquement plus fort que George W. Bush.

_____

_____ 3. Les frites sont meilleures pour la santé que les légumes.

_____

_____ 4. Le train va plus vite que l'avion.

_____

_____ 5. L'Alaska est le plus petit état des États-Unis.

_____

3 **Vedettes à comparer** Que pensez-vous de ces personnes? Faites des comparaisons.

> **modèle**
>
> Paris Hilton / Angelina Jolie / être célèbre
> *Paris Hilton est moins/plus/aussi célèbre qu'Angelina Jolie.*

1. les Dallas Cowboys / les San Diego Chargers / être bon

_____

2. Madonna / Céline Dion / chanter bien

_____

3. Chris Rock / Jack Black / être amusant

_____

4. Jessica et Ashlee Simpson / Janet Jackson / jeune

_____

4 **Comparez** Faites cinq comparaisons entre votre meilleur(e) ami(e) et vous à l'aide des mots donnés.

1. sortir souvent

   _____

2. être sportif

   _____

3. étudier sérieusement

   _____

4. être grand

   _____

5. danser

   _____

5 **Ma famille** Utilisez des mots de la liste et des superlatifs pour décrire cinq membres de votre famille. Faites tous les changements nécessaires.

> *modèle*
>
> *C'est mon père qui conduit le mieux.*

A	B	C
père	avoir le métier	bien
mère	avoir l'ordinateur	bon
frère	conduire	intéressant
sœur	danser	mal
grand-père/mère	étudier	rapide
oncle/tante	faire du sport	sérieux
cousin(e)	travailler	souvent

1. _____

2. _____

3. _____

4. _____

5. _____

6 **La famille Janin** Écrivez trois phrases avec des comparatifs et deux avec des superlatifs pour décrire la famille Janin.

La famille

le fils   la fille   le père   la mère   le cousin

1. _____

   _____

2. _____

   _____

3. _____

   _____

4. _____

   _____

5. _____

   _____

7.2 The *futur simple*

1 **Des prédictions** Un ami fait des prédictions au sujet de votre avenir. Choisissez la bonne forme verbale pour compléter les phrases.

1. Tu _____ célèbre.

   a. deviendrai   b. deviendras   c. deviendra

2. Ton mari/Ta femme et toi, vous _____ cinq enfants.

   a. aurez   b. auront   c. aura

3. Ton mari/Ta femme _____ dans la recherche.

   a. travaillerai   b. travaillera   c. travaillerez

4. Toi et moi, nous _____ le marathon de New York ensemble un jour.

   a. finirons   b. finiras   c. finira

2 **L'avenir** Votre ami vous pose des questions. Répondez-lui à l'aide du futur simple.

> **modèle**
>
> —Tu parles français couramment?
> —*Non, mais je le parlerai peut-être couramment dans un an.*

1. —Ma copine et moi, nous pouvons rencontrer tes amis français cette fois-ci?

   _____

2. —Tes amis et toi, vous allez en Suisse cet été?

   _____

3. —Tu suis aussi un cours d'italien en ce moment?

   _____

4. —Ta copine Chantal va passer le bac cette année?

   _____

5. —Tu reçois ton diplôme cette année?

   _____

3 **Une année en Belgique** Vous avez décidé d'aller passer une année dans une université belge. Votre futur hôte (*host*) vous a envoyé cet e-mail. Complétez-le à l'aide des verbes de la liste au futur.

aller	attendre	devoir	pouvoir	répondre
arriver	avoir	porter	rencontrer	voir

Salut,

Quand tu (1) _____ à Bruxelles, je te/t'(2) _____ à l'aéroport. Je

(3) _____ un jean, une chemise blanche et une veste noire. Tu (4) _____ facilement

me reconnaître: je suis grand et roux. Nous (5) _____ tout de suite déposer tes valises chez

moi parce qu'on (6) _____ aller à l'université pour une réunion d'orientation. Là, tu

(7) _____ les profs. Tu (8) _____, ils sont tous très sympas et ils (9) _____

à toutes tes questions. Les autres étudiants américains et toi, vous (10) _____ aussi une réunion

l'après-midi pour faire connaissance. J'attends ton arrivée avec impatience.

À bientôt,

Martin

4   **Projets** Vous parlez avec des camarades de vos projets pour votre semestre en Belgique. Utilisez les éléments donnés pour faire des phrases au futur.

1. Martin et moi, nous / se promener souvent / sur la Grand-Place

   _____

2. Tous les étudiants / aller voir / le Manneken-Pis

   _____

3. Vous / savoir / se déplacer dans Bruxelles

   _____

4. Tu / appeler sûrement / ta petite amie au téléphone trois fois par semaine

   _____

5. Je / acheter / du chocolat belge / pour ma famille

   _____

6. Bien sûr, il / falloir / toujours parler français

   _____

5   **Bientôt le départ** Vous partez pour la Belgique dans quinze jours. Complétez ces phrases et employez le futur.

1. Dès que notre groupe arrivera en Belgique, on _____.

2. Quand je rencontrerai la famille de Martin, je/j'_____.

3. Si ton/ta petit(e) ami(e) a assez d'argent, il/elle _____.

4. Tant que les étudiants seront à Bruxelles, ils _____.

5. Aussitôt que je le pourrai, je/j'_____.

6. Lorsque nous aurons du temps libre, nous _____.

6   **Un e-mail** Vous êtes en Belgique et vous allez passer une semaine en Suisse. Avant de partir, écrivez un e-mail à votre hôte, Frédéric, pour lui parler de vos projets une fois en Suisse. Écrivez quatre ou cinq phrases au futur.

Cher Frédéric,

_____

_____

_____

_____

_____

_____

_____

7.3 The subjunctive with expressions of doubt and conjunctions; the past subjunctive

1 **Quel mode?** Entourez la forme verbale appropriée.

1. Je crois que les ingénieurs (ont / aient) un travail très intéressant.

2. Il est douteux qu'on (réussisse / réussit) à réparer notre télescope.

3. Nous allons être en retard à moins que l'avion (atterrit / atterrisse) tout de suite.

4. Penses-tu que Sylvie (soit / est) une bonne chercheuse?

5. Vous pouvez utiliser mon appareil photo à condition que vous (faites / fassiez) attention.

6. Je suis sûr que cette expérience (va / aille) marcher.

2 **Des extraterrestres** Des jeunes parlent de l'existence des extraterrestres. Mettez les lettres de chaque verbe dans le bon ordre pour former un subjonctif présent et compléter leurs commentaires.

1. T I O S   Bien que l'espace _____ immense, la vie n'est possible que sur notre planète.

2. I U P S E S   Il n'est pas évident qu'on _____ vivre sur d'autres planètes.

3. A V P S P R E O U   Jacques, il semble que tu ne _____ pas cette idée!

4. Y A O S N   Il est fort possible que nous n'_____ jamais la réponse à cette question.

5. U S E I S I S S Z R É   Je doute que vous _____ à vous mettre d'accord sur ce sujet!

6. N P T A R E T   En attendant que les astronautes _____ en exploration dans l'espace, il est difficile d'en savoir plus.

3 **Informatique** Des amis ont des problèmes avec leur ordinateur et vous essayez de les aider. Complétez ces phrases à l'aide des formes appropriées du subjonctif passé.

aies oublié	ayons sauvegardé
aie trouvé	aient téléchargé
ait fait	soyez trompés

1. Il se peut que tu _____ ton mot de passe.

2. Il est possible que tes frères _____ un document qui contient un virus.

3. Je doute que nous _____ le document correctement.

4. Je ne crois pas que le technicien _____ les bonnes réparations.

5. Il se peut que vous vous _____ de CD.

6. Ah! Il est possible que je/j'_____ la source du problème!

4 **Une découverte capitale** Karim et Gilles, deux étudiants en médecine, parlent d'une nouvelle découverte qu'un de leurs professeurs a faite. Complétez leur conversation à l'aide de l'indicatif, du subjonctif présent ou du subjonctif passé des verbes entre parenthèses.

KARIM   Moi, je crois que cette découverte (1) _____ (pouvoir) réellement révolutionner la génétique.

GILLES   Oui, c'est incroyable que notre professeur (2) _____ (arriver) à identifier ce gène et je suis sûr que tous les autres chercheurs (3) _____ (penser) qu'il s'agit bien d'une découverte capitale.

KARIM   Mais tu sais, il faudra encore beaucoup de travail avant que nous ne (4) _____ (connaître) toutes les applications de cette découverte.

GILLES   Oui, et il est probable que notre professeur (5) _____ (vouloir) continuer ses recherches pendant encore quelques années.

KARIM   Tu sais, il se peut que nous (6) _____ (travailler) avec lui l'année prochaine.

GILLES   Ah oui? Ce serait formidable!

5 **Suppositions** Personne n'est venu à l'université aujourd'hui. Essayez de deviner ce qui est arrivé. Faites des suppositions et employez le subjonctif passé.

> *modèle*
>
> —Il est possible que *mon ami Peter ait raté le bus.*

1. Il se peut que _____

2. Il est peu probable que _____

3. Je doute que _____

4. Il est possible que _____

5. Je ne crois pas que _____

6 **Opinion personnelle** Croyez-vous qu'il y ait de la vie sur d'autres planètes? Écrivez trois phrases au subjonctif présent et trois au subjonctif passé pour expliquer votre opinion personnelle sur ce sujet.

> *modèle*
>
> *Je ne suis pas sûr(e) qu'on ait découvert toutes les autres planètes et à mon avis, il se peut qu'il y ait des êtres vivants dans l'espace.*

_____

_____

_____

_____

_____

_____

_____

_____

Workbook

RÉDACTION

Étape 1

Imaginez cette situation et prenez des notes pour répondre aux questions.

Dans 10 ans, vous travaillerez et habiterez dans un pays francophone européen.

1. Où habiterez-vous? Choisissez entre la Belgique, le Luxembourg et la Suisse et expliquez votre choix. Notez quelques informations intéressantes au sujet du pays choisi.

   _____

   _____

2. Dans quel domaine travaillerez-vous (sciences, informatique, médecine, commerce, relations internationales, …)? Pourquoi?

   _____

   _____

3. Comment imaginez-vous votre vie personnelle? Serez-vous marié(e)? Aurez-vous des enfants?

   _____

   _____

Étape 2

Maintenant, faites une rédaction de huit à dix phrases dans laquelle vous expliquez en détail comment vous imaginez votre vie. Cette rédaction doit incorporer ces éléments:

- Une description du pays ou de la ville où vous habiterez et des comparaisons avec l'endroit où vous habitez aujourd'hui. Essayez d'incorporer des informations culturelles que vous avez apprises en cours.

- Une description de votre futur travail. Dites comment vous imaginez ce travail et comparez votre situation professionnelle dans dix ans à votre situation actuelle.

- Une description de votre future vie personnelle. Expliquez ce qui est probable et ce qui est douteux en ce qui concerne votre vie personnelle, d'après vous.

_____

_____

_____

_____

_____

_____

_____

_____

_____

POUR COMMENCER

Leçon 8

1 **Puzzle** Dans le puzzle, trouvez les huit mots qui s'y cachent et entourez-les. Puis, complétez les phrases. Ces mots sont à l'horizontale, à la verticale ou en diagonale.

G	I	U	É	V	P	B	N	N	M
C	Q	R	È	F	I	A	C	U	O
O	A	A	R	B	I	T	R	E	C
U	–	B	T	C	A	–	E	I	N
R	O	A	Ç	A	I	O	P	L	B
S	C	T	A	B	L	E	A	U	V
E	Ô	–	U	E	I	L	M	B	N
W	S	J	C	P	Y	I	O	F	U
T	S	O	U	L	I	E	R	S	L
M	K	I	L	P	R	È	S	D	V
Â	X	E	T	E	N	O	C	U	I
G	H	F	X	–	M	L	I	E	U

1. Mon cousin Franck ne veut jamais aller s'amuser! C'est un vrai _____!

2. L'_____ a sifflé, mais les joueurs ont tous continué à jouer.

3. Ma mère adore ce _____ de Monet.

4. Ne mets pas des _____ en cuir pour faire de la randonnée!

5. Vous avez vu cette _____ de théâtre? Elle est très émouvante!

6. Le Tour de France est la _____ cycliste la plus connue du monde.

7. Mes amis ont fait un _____ avec des copains: la France va gagner la prochaine Coupe du monde de football.

8. Le score? 3 à 3. Ils ont fait match _____.

2 **Quelques idées** Un groupe d'étudiants francophones va passer un semestre dans votre université. Suggérez une activité à chaque personne, d'après ses goûts.

> **modèle**
>
> Ségolène:«Je n'aime pas trop le sport, mais j'aime bien les jeux.»
> *jouer à des jeux de société*

1. Armand: «J'adore l'aventure!»

_____

2. Seydou: «J'étudie la peinture et l'histoire de l'art.»

_____

3. Maryline: «J'aime passer du temps avec mes copains et j'adore sortir en ville le soir.»

_____

4. Marc: «J'aime les sports d'hiver.»

_____

5. Sabine: «J'aime les activités culturelles et la musique.»

_____

IMAGINEZ

L'océan Indien (texte pages 280–281)

Petit test culturel Répondez à ces questions sur l'océan Indien par des phrases complètes.

1. Où se trouve Madagascar?

   _____

2. Quelles sont trois des ressources de Madagascar?

   _____

3. Quels sont deux animaux qu'on peut voir aux Comores?

   _____

4. Quelle est une des raisons pour laquelle les Seychelles sont réputées?

   _____

5. Quels paysages trouve-t-on sur l'île de la Réunion?

   _____

Découvrons des merveilles de la nature

À votre tour Écrivez quatre ou cinq phrases sur la photographie à l'aide de ces questions: Comment s'appelle ce site? Dans quel pays se trouve-t-il? Que savez-vous à son sujet?

_____

_____

_____

_____

_____

_____

_____

_____

_____

_____

_____

_____

_____

_____

Galerie de créateurs (texte pages 284–285)

1 **La peinture**

A. Identifiez cette œuvre. Qui est l'artiste et d'où vient-elle? Quel est le sujet de ses peintures?

_____

_____

_____

_____

_____

B. Regardez cette œuvre dans votre livre. Que représente-t-elle? Vous plaît-elle? Pourquoi?

_____

_____

_____

2 **Questions**

1. Qui est Khaleel Torabully? De quoi parle-t-il souvent dans ses œuvres?

_____

_____

_____

2. Qui est Jeff Mohamed Ridjali? Quel est le but de l'institut qu'il a créé à Marseille?

_____

_____

_____

3. Qui est Kantilal Jivan Shah? Quels sont deux de ses sujets d'intérêt?

_____

_____

_____

3 **À votre tour** Quelle autre personne de l'océan Indien est connue aux États-Unis? Expliquez pourquoi. Si vous ne connaissez personne, dites lequel des quatre artistes présentés vous intéresse le plus, et pourquoi.

_____

_____

_____

_____

_____

_____

Workbook

STRUCTURES

8.1 Infinitives

1 **Des proverbes** Complétez ces proverbes français à l'aide des infinitifs de la liste.

attendre	prendre	réveiller
dire	réfléchir	voler

1. Donner, c'est donner. Reprendre, c'est _____.

2. Il ne faut pas _____ le chat qui dort.

3. Tel est pris qui croyait _____.

4. Il ne faut jamais _____: «Fontaine, je ne boirai pas de ton eau.»

5. Il faut _____ avant d'agir.

6. Tout vient à point à qui sait _____.

2 **Instructions** Vous êtes au zoo avec des amis. Complétez ces instructions à l'aide des infinitifs appropriés.

1. Nous vous demandons de ne pas _____ à manger aux animaux.

2. Ne pas _____ à la vitre (*glass*)!

3. Il n'est pas permis d' _____ dans les cages.

4. Nous vous demandons de/d' _____ tous vos papiers et déchets dans les poubelles.

5. Il est interdit de _____ les animaux.

6. Si vous avez des questions sur les animaux, vous pouvez les _____ à un guide.

3 **Une carte postale** Maintenant, vous êtes au café où vous écrivez une carte postale à des amis. Employez des infinitifs pour la compléter. Attention! Dans certains cas, il faut utiliser un infinitif passé.

aller	être	finir	prendre	visiter
assister	faire	manger	se promener	voir

Chers amis,

Ce matin, nous sommes allés au zoo. Puis, après y (1) _____, nous avons décidé de (2) _____ Paris. D'abord, nous sommes montés en haut de la tour Eiffel. (3) _____ tout en haut, comme ça, c'est très impressionnant! Ça permet de (4) _____ toute la ville. Ensuite, on est allés (5) _____ sur les Champs-Élysées. Après (6) _____ notre promenade, on avait faim, alors on a décidé de (7) _____ dans un café près du Louvre. On venait juste de (8) _____ notre déjeuner quand Isabelle a eu l'idée de (9) _____ une promenade en bateau sur la Seine. C'était super! Et ce soir, on va (10) _____ à un spectacle de musique africaine à Belleville.

Grosses bises de Paris!

4 **À mon avis...** Complétez ces phrases d'après vos idées personnelles. Utilisez un infinitif dans chaque phrase.

1. Pour être en forme, il faut _____.

2. Pour rester en bonne santé, il faut _____.

3. Quand on visite une ville pour la première fois, on devrait _____.

4. Pour être heureux dans la vie, il est important de/d' _____.

5. Si on veut réussir à l'université, on doit _____.

5 **Dans quel ordre?** Expliquez dans quel ordre ces choses se sont passées. Utilisez le passé dans chaque phrase.

> **modèle**
>
> J'obtiens des billets. Je fais la queue au guichet pendant une heure.
> *Après avoir fait la queue au guichet pendant une heure, j'ai obtenu des billets.*

1. L'équipe marque un but. L'équipe égalise.

_____

2. Les spectateurs applaudissent. Les spectateurs voient la pièce.

_____

3. Nous portons un toast. Nous nous réunissons au restaurant.

_____

4. Ma copine tombe à la patinoire. Ma copine a mal au dos.

_____

5. Mes cousines achètent des tennis. Mes cousines vont au club sportif.

_____

6 **À vous!** Décrivez en quatre phrases votre philosophie de la vie. Utilisez deux infinitifs au passé et deux au présent.

> **modèle**
>
> *Aimer et être aimé, c'est important pour être heureux dans la vie.*
> *Après avoir beaucoup étudié pour les examens, un(e) étudiant(e) doit se détendre.*

_____

_____

_____

_____

_____

_____

Workbook

8.2 Prepositions with geographical names

1 **Un peu de géographie** Choisissez le bon article ou la bonne préposition.

1. _____ Cambodge est un pays d'Asie.

   a. La   b. Le   c. Au

2. Pour visiter Buckingham Palace, il faut aller _____ Londres.

   a. en   b. au   c. à

3. _____ Suisse, on parle plusieurs langues, dont le français.

   a. Au   b. Dans la   c. En

4. Khadija est née à Tunis; elle est donc _____ Tunisie.

   a. de   b. à   c. dans la

5. _____ Côte d'Ivoire est un pays francophone africain.

   a. Le   b. La   c. Les

2 **Demande de visa** Robert, un étudiant africain, fait une demande de visa pour aller étudier dans une université canadienne. Complétez sa conversation avec l'employée de l'ambassade à l'aide des prépositions et des articles de la liste.

le	du	à	la	aux	de	à	au	à	en

ROBERT Je m'appelle Robert Birango et je viens (1) _____ Sénégal.

EMPLOYÉE Vous êtes (2) _____ Dakar?

ROBERT Non, je suis né (3) _____ Saint-Louis.

EMPLOYÉE Et quelle est votre adresse actuelle?

ROBERT J'habite au 8 rue des Amandiers, (4) _____ Paris, (5) _____ France.

EMPLOYÉE Ah oui? Vous aimez (6) _____ France?

ROBERT Oui, beaucoup, mais j'ai très envie de découvrir (7) _____ Québec aussi.

EMPLOYÉE Et qu'est-ce que vous allez faire (8) _____ Canada?

ROBERT Je vais étudier (9) _____ Montréal.

EMPLOYÉE Et vous comptez voyager pendant l'année?

ROBERT Euh... oui, j'aimerais aller passer deux semaines (10) _____ États-Unis.

EMPLOYÉE Très bien, merci. Voici votre visa, Monsieur. Bon séjour!

3 **Réunion** C'est la première réunion des étudiants internationaux de votre université et chaque personne se présente. Complétez les présentations à l'aide de prépositions.

1. Bonjour, je m'appelle Tran et je suis _____ Saïgon, _____ Viêt-nam.

2. Salut! Moi, c'est Amélie. Je viens _____ Belgique, _____ Bruxelles plus exactement.

3. Et moi, je suis _____ Pays-Bas. Ma famille habite _____ Rotterdam.

4. Bonjour, tout le monde! Je m'appelle Julie et j'habite _____ Fort-de-France, _____ Martinique.

5. Moi, je suis né _____ Saint-Pierre-et-Miquelon, mais j'habite _____ Irlande depuis dix ans.

6. Et moi, je m'appelle Mohammed. Ma famille habite _____ Caire, mais moi, je fais mes études _____ Texas.

4 **C'est où, ça?** Expliquez où ces endroits se trouvent. Il peut y avoir plusieurs possibilités.

> **modèle**
>
> Chicago
> *C'est dans l'état de l'Illinois. / C'est en Amérique du Nord.*

1. Amsterdam: _____

2. Le Luxembourg: _____

3. La Nouvelle-Orléans: _____

4. Santa Fe: _____

5. 1600 Pennsylvania Avenue: _____

6. La Havane: _____

5 **Où aller?** Vous et vos amis parlez des prochaines vacances. Proposez deux lieux de vacances qui plairont à chaque personne. Utilisez deux prépositions différentes dans chaque phrase.

> **modèle**
>
> Noémie veut faire du ski alpin.
> *Elle devrait aller en Suisse ou dans le Colorado.*

1. Jacques adore l'animation des grandes villes.

   _____

2. Nelly et Yves veulent passer des vacances reposantes (*relaxing*) à la mer.

   _____

3. Sabrina veut partir à l'aventure dans un pays ou sur une île exotique.

   _____

4. Yin a envie de découvrir les grands sites touristiques d'Europe.

   _____

5. Laurent veut améliorer son espagnol.

   _____

6 **Voyage de fin d'études** Vos parents ont décidé de vous offrir un voyage de fin d'études dans le pays de votre choix. Écrivez un paragraphe de quatre ou cinq phrases dans lequel vous expliquez où ce pays se situe. Décrivez-le en détail. Parlez des lieux et des villes que vous visiterez et de ce que vous y ferez.

_____

_____

_____

_____

_____

_____

8.3 The *conditionnel*

1

Décision La famille d'Annabelle se demande où partir en vacances cette année. Choisissez la forme correcte du conditionnel.

1. Annabelle, tu (partirais / partirait / partirions) dans l'océan Indien si tu pouvais?

2. Claude et moi, nous (voudriez / voudrions / voudraient) apprendre à jouer à la pétanque.

3. Moi, je (ferait / ferions / ferais) du saut à l'élastique si c'était possible.

4. Et vous, les filles, vous (aimerais / aimeriez / aimeraient) aller où?

5. Maman (préférerait / préféreriez / préféreraient) aller sur une île exotique.

6. Les enfants (serions / seraient / seriez) contents de pouvoir aller à la plage.

2

Des conseils Comme toujours, la mère d'Annabelle donne des conseils à tout le monde avant les vacances. Mettez les verbes entre parenthèses au conditionnel.

1. Les enfants, vous _____ (devoir) préparer vos affaires.

2. Annabelle, si j'étais toi, j'_____ (acheter) un nouvel appareil photo.

3. Les garçons _____ (avoir besoin) de faire un peu de sport pour se remettre en forme.

4. Chéri, est-ce que tu _____ (prendre) un joli nœud papillon pour aller au restaurant?

5. Au cas où nous allions au spectacle, nous _____ (faire) bien de tous prendre des vêtements élégants.

6. Et Hector? Oh là là! Il _____ (pouvoir) faire un petit effort pour perdre un peu de poids avant les vacances!

3

À l'office du tourisme La famille a finalement choisi de passer ses vacances à la Réunion. Annabelle va à l'office du tourisme pour demander des renseignements sur les sites à visiter et les activités qu'on peut y pratiquer. Reformulez ses phrases à l'aide du conditionnel pour les rendre plus polies.

1. Bonjour. Je veux des renseignements sur les sites à visiter.

_____

2. Avez-vous un plan de l'île?

_____

3. Mon frère et moi, nous désirons participer au Grand Raid.

_____

4. Doit-on appeler l'Hôtel du piton de la Fournaise pour voir s'ils ont des chambres libres?

_____

5. C'est possible de déguster un bon cari en ville?

_____

6. Mes parents doivent-ils aller à la colline de Chamarel, à votre avis?

_____

4   Comment? Le grand-père d'Annabelle est un peu dur d'oreille (*hard of hearing*) et a mauvaise mémoire. Répétez-lui ce que chaque personne a dit au sujet de ses vacances à l'aide du conditionnel.

> **modèle**
> Annabelle va aller à la Réunion.
> *Annabelle a dit qu'elle irait à la Réunion.*

1. Claude et moi, nous rendrons visite à des amis à Carcassonne.

   _____

2. Je vais attendre le mois d'août pour partir.

   _____

3. Les filles vont finir de travailler le 12 juillet.

   _____

4. Paul essaiera d'aller en Italie trois semaines.

   _____

5. Tonton et toi, vous allez jouer au bowling tous les jours pendant les vacances.

   _____

6. Pépé, tu nous appelleras de l'aéroport, c'est bien ça?

   _____

5   Situations hypothétiques Imaginez que votre famille se retrouve dans ces situations. Dites ce que ferait chaque personne. Utilisez le conditionnel et donnez deux possibilités pour chacune.

1. au cas où il n'y aurait pas de neige pendant votre semaine dans les Alpes

   _____

2. si votre mère se perdait dans Paris

   _____

3. si vos parents voulaient assister à un spectacle qui est presque complet

   _____

4. s'il pleuvait pendant tout votre séjour sur la Côte d'Azur

   _____

5. si vous rencontriez votre vedette de cinéma préférée dans un restaurant parisien

   _____

6   Et votre famille? À votre avis, qu'est-ce que vos amis ou les différents membres de votre famille feraient s'ils passaient leurs vacances à la Réunion? Décrivez leurs activités en quatre ou cinq phrases au conditionnel.

_____

_____

_____

_____

Workbook

RÉDACTION

Étape 1

Imaginez qu'un groupe d'étudiants de votre classe fasse un voyage dans un pays ou une région francophone de votre choix. Malheureusement, un de vos camarades s'est cassé la jambe juste avant le départ et il n'a pas pu vous accompagner. Vous lui avez donc promis d'écrire un carnet de voyage (*travel book*) dans lequel vous lui raconterez toutes les aventures du groupe. Pour cette rédaction, vous allez écrire une page de ce carnet de voyage.

Tout d'abord, choisissez un lieu pour votre voyage: _____

Maintenant, faites une liste des sites à visiter et des activités qu'on peut y pratiquer. Vous pouvez consulter votre livre pour trouver des informations sur l'endroit que vous avez choisi.

_____
_____
_____
_____
_____

Votre rédaction devra comporter ces éléments:

- un maximum de vocabulaire de cette leçon
- des infinitifs (dont certains utilisés avec le passé récent et le futur proche)
- des prépositions avec des lieux géographiques
- des formes verbales au conditionnel
- des informations culturelles sur le pays que vous avez choisi

Étape 2

Maintenant, à vous d'écrire! Vous pouvez vous inspirer de l'activité 1, à la page 299 de votre livre si vous le désirez. Écrivez huit à dix phrases.

mercredi 14 août

_____
_____
_____
_____
_____
_____
_____
_____
_____

Nom _____ Date _____

Nom _____   Date _____

POUR COMMENCER   **Leçon 9**

1 **Trouvez l'intrus** Pour chaque liste, barrez le mot qui n'est pas similaire aux autres. Ensuite, ajoutez un mot pour compléter la série.

1. un poste / embaucher / investir / _____

2. un comptable / une formation / un gérant / _____

3. économiser / licencier / investir / _____

4. un grand magasin / une compagnie / une conseillère / _____

5. une carte de retrait / un compte d'épargne / le chômage / _____

2 **Le travail et l'argent** Complétez ces phrases.

1. Martin a beaucoup de _____: il doit rendre 400 euros à son frère cette semaine et 1.000 euros à un de ses amis la semaine prochaine.

2. Je déteste travailler avec Lucas. Il est toujours en retard, il est incompétent et en plus, il dort au travail! Quel _____!

3. J'ai trouvé un travail dans un petit entrepôt. Le salaire n'est pas terrible—c'est le _____, seulement 8,27 euros de l'heure—mais le temps de travail est agréable.

4. Aux États-Unis, quand on fait des courses, il faut ajouter la _____ au prix des articles qu'on achète. En général, c'est environ 8%.

5. Ma grand-mère préfère mettre ses économies sur un compte d'épargne plutôt que d'investir son argent dans le _____ parce qu'elle n'y comprend rien.

3 **La vie professionnelle de Monsieur Giraud** Regardez l'illustration et décrivez la vie professionnelle de Monsieur Giraud en quatre ou cinq phrases. Inventez le plus de détails possible: sa profession, son lieu de travail, ses horaires de travail, etc.

_____

_____

_____

_____

_____

_____

_____

_____

_____

_____

_____

Workbook

IMAGINEZ

L'Afrique Centrale (texte pages 320–321)

Vrai ou faux? Indiquez si ces phrases sont **vraies** ou **fausses** et corrigez les fausses à l'aide de phrases complètes.

	Vrai	Faux
1. Brazzaville et Kinshasa sont sur le fleuve Congo.	○	○
_____		
2. La toiture verte de la basilique Sainte-Anne du Congo change de couleur avec la lumière.	○	○
_____		
3. Kinshasa est la capitale de la République du Congo.	○	○
_____		
4. L'ancien nom du Congo-Kinshasa est le Zaïre.	○	○
_____		
5. Sur les marchés de Brazzaville, on trouve des objets d'artisanat.	○	○
_____		
6. Le quartier du Mont Fleury, à Kinshasa, est un quartier populaire où les artistes locaux vendent leurs œuvres.	○	○
_____		

Découvrons l'Afrique Centrale

À votre tour Écrivez quatre ou cinq phrases sur la photographie à l'aide de ces questions: Qui est cette femme? Quelle est sa nationalité? Que savez-vous à son sujet?

_____
_____
_____
_____
_____
_____
_____
_____
_____

Galerie de créateurs (texte pages 324–325)

1 **La peinture**

A. Identifiez cette œuvre. Qui est l'artiste et d'où vient-il? De quoi parlent ses tableaux?

_____

_____

_____

_____

_____

_____

B. Regardez cette œuvre dans votre livre. Que représente-t-elle? Vous plaît-elle? Pourquoi?

_____

_____

_____

2 **Questions**

1. Qui est Aida Touré? Qu'a-t-elle fait en poésie et en peinture?

_____

_____

2. Qui est Angèle Etoundi Essamba? Où vit-elle? De quoi parlent ses œuvres?

_____

_____

3. Décrivez en trois phrases la vie et la carrière de Benjamin Sehene.

_____

_____

_____

3 **À votre tour** Quelle autre personne d'Afrique Centrale est connue aux États-Unis? Expliquez pourquoi. Si vous ne connaissez personne, dites lequel des quatre artistes présentés vous intéresse le plus, et pourquoi.

_____

_____

_____

_____

_____

_____

Workbook

STRUCTURES

9.1 Relative pronouns

1 **Au travail** Vous entendez ces bribes (*tidbits*) de conversation au travail. Choisissez le bon mot pour compléter les phrases.

1. C'est le nouvel employé _____ a été embauché hier.

   a. que   b. dont   c. qui

2. Quel cadre? Je ne sais pas _____ elle parle.

   a. desquels   b. de qui   c. qui

3. La réunion du syndicat va être dans la salle _____ nous avons nos réunions du personnel.

   a. dont   b. à laquelle   c. où

4. _____ m'étonne, moi, c'est que Stéphane n'ait pas été licencié.

   a. Ce qui   b. Que   c. Pour qui

5. Madame Benolo est la femme _____ le mari est consultant en informatique.

   a. duquel   b. dont   c. avec qui

6. C'est le stylo _____ Monsieur Marelle signe tous ses chèques.

   a. avec lequel   b. pour lequel   c. lequel

2 **Consultant(e) en entreprise** Imaginez que vous soyez consultant(e) dans une entreprise. On vous demande votre avis au sujet du personnel. Faites l'accord quand c'est nécessaire. Mettez un X quand il n'y a pas d'accord.

1. C'est elle, la conseillère que vous nous avez recommandé____?

2. Je ne connais pas les deux vendeurs qui sont venu____ poser leur candidature.

3. C'est la femme d'affaires dont je vous ai parlé____ à la réunion.

4. Les employées que vous avez promu____ sont très compétentes.

5. Marc Dumont est l'homme qui a été licencié____ ce matin.

3 **Travail humanitaire** Un ami est allé en Afrique avec le Peace Corps. Il vous raconte cette expérience. Complétez ce qu'il vous dit avec les bons mots.

C'est une expérience (1) _____ je me souviendrai toujours, tu sais. C'était vraiment formidable! (2) _____ j'ai préféré là-bas, c'étaient les relations avec les gens des petits villages (3) _____ nous avons travaillé. Ce sont des gens (4) _____ sont très pauvres, mais ils sont toujours prêts à t'accueillir chez eux. Les familles (5) _____ j'ai rencontrées étaient toutes formidables, surtout celle pour (6) _____ nous avons construit une nouvelle maison. C'est une famille (7) _____ je n'oublierai jamais. Tiens, d'ailleurs, il faut que je leur envoie quelques petites choses (8) _____ ils ont besoin.

4 La vie au travail Reliez chaque paire de phrases à l'aide d'un pronom relatif pour en faire une seule. Faites tous les changements nécessaires.

> **modèle**
> Nous parlions d'une entreprise. Cette entreprise a fait faillite.
> *L'entreprise dont nous parlions a fait faillite.*

1. Le gérant parle à une employée. L'employée a eu une augmentation de salaire.

   _____

2. Voici ma carte de crédit. J'achète mes fournitures (*supplies*) avec cette carte.

   _____

3. Nous avons déjeuné dans un petit restaurant. Ce restaurant était excellent.

   _____

4. Les employés n'aiment pas leurs horaires de travail? Ça m'étonne!

   _____

5. La comptable met de l'argent à la banque toutes les semaines. Cette banque est dans la rue des Lys.

   _____

5 Je n'y comprends rien! Un collègue de travail vous parle de choses diverses, mais vous n'y comprenez rien. Posez-lui des questions pour en savoir plus.

> **modèle**
> J'ai téléphoné au restaurant pour faire une réservation.
> *Auquel as-tu téléphoné?*

1. J'aime travailler dans ces salles.

   _____

2. Je pense toujours au problème que nous n'avons pas résolu.

   _____

3. Le directeur et moi avons discuté de la réunion.

   _____

4. J'adore travailler sur ces ordinateurs-là.

   _____

5. Je vais poser ma candidature pour cette formation.

   _____

6 Et vous? Complétez ces phrases selon votre situation personnelle.

1. Ce que je recherche dans un travail, c'est _____.

2. Ce qui ne me plairait pas dans un travail, c'est _____.

3. Je voudrais travailler pour une entreprise qui _____.

4. Ce dont j'ai envie dans ma vie professionnelle, c'est _____.

5. Ce que je serais prêt(e) à faire dans un travail, c'est _____.

Workbook

9.2 The present participle

1 **À compléter** Complétez ces phrases à l'aide des participes présents qui correspondent aux verbes de la liste.

aller	avoir	être
arriver	boire	prendre

1. L'employé de banque dit bonjour à ses collègues en _____ à la banque.

2. En _____ cette rue, vous arriverez plus rapidement à l'entreprise Lagasse.

3. _____ quelques économies, j'ai décidé d'investir un peu d'argent.

4. La femme d'affaires écrit une lettre à un client tout en _____ son café.

5. J'ai rencontré la comptable de Dominique en _____ au travail.

6. _____ malade, je ne suis pas allé au bureau.

2 **Une rencontre** Karine rencontre son amie Isabelle en faisant des courses dans un magasin. Complétez leur conversation avec les participes présents des verbes entre parenthèses. Faites l'accord quand c'est nécessaire.

KARINE Tiens, bonjour, Isabelle. Comment vas-tu?

ISABELLE Très bien. Ça fait longtemps qu'on ne s'est pas vu. Qu'est-ce que tu deviens?

KARINE Eh bien, je travaille comme (1) _____ (représenter) pour un magasin de vêtements de sport.

ISABELLE Ah oui? C'est (2) _____ (intéresser)?

KARINE Assez, oui, et mes horaires de travail sont flexibles, alors je fais une formation universitaire tout en (3) _____ (travailler). Et toi, alors?

ISABELLE Eh bien, mon mari et moi, nous sommes (4) _____ (gérer) d'un petit hôtel près de la plage.

KARINE Près de la plage? Ça doit être (5) _____ (plaire), non?

ISABELLE Oh, tu sais... Le lieu est (6) _____ (charmer), c'est vrai, mais les clients sont souvent (7) _____ (exiger), malheureusement.

KARINE Et vos filles?

ISABELLE Elles sont toutes les deux (8) _____ (étudier) à l'université, maintenant.

KARINE Mon dieu, que le temps passe vite!

3 **Déductions** Devinez le terme qui correspond à ces définitions. Ce sont tous des participes présents utilisés comme noms et qui sont dérivés du verbe principal de la phrase.

> **modèle**
> Quelqu'un qui étudie est un *étudiant*.

1. Un homme qui sait beaucoup de choses est un _____.

2. La personne qui gagne une course est le _____.

3. La personne avec qui un étudiant correspond par e-mail est un _____.

4. Celui qui perd à un jeu est le _____.

5. Une personne qui habite dans une ville est un _____ de cette ville.

4 **Commentaires** Employez des participes présents comme adjectifs pour répondre à chaque commentaire. Faites l'accord si nécessaire.

> **modèle**
> —Le film me touche.
> —*Oui, il est touchant.*

1. —Le temps change souvent en ce moment.
   —_____

2. —J'ai fini la course, mais je suis épuisé.
   —_____

3. —Ces formations intéressent beaucoup de monde.
   —_____

4. —On s'amuse beaucoup avec eux!
   —_____

5. —Cette femme a beaucoup de charme.
   —_____

6. —Je vais prendre le bus qui suit.
   —_____

5 **Qualités professionnelles** Dites comment ces personnes doivent être, d'après vous. Utilisez un participe présent (verbes, noms ou adjectifs) dans chaque phrase et variez les structures que vous employez.

> **modèle**
> un employé de banque
> *Il doit compter l'argent correctement tout en parlant avec les clients.*

1. une femme d'affaires
   _____

2. un professeur d'université
   _____

3. un gérant
   _____

4. un conseiller d'éducation
   _____

6 **Et chez vous, qui fait quoi?** Écrivez quatre phrases avec des participes présents pour décrire deux choses que différentes personnes que vous connaissez font souvent en même temps.

> **modèle**
> *Moi, je fais mes devoirs (tout) en regardant la télévision.*

_____

_____

_____

_____

9.3 Irregular *-oir* verbs

1 **Puzzle** Ce puzzle contient six verbes irréguliers en **-oir**. Trouvez-les et entourez-les. Ces verbes peuvent être à l'horizontale, à la verticale ou en diagonale.

R	E	V	O	I	R	T	P	L	O
E	Q	E	V	U	I	M	O	S	T
C	U	I	F	A	L	L	O	I	R
E	A	C	D	S	T	U	Y	O	P
V	X	V	B	U	I	O	A	E	I
O	A	A	I	P	H	L	P	E	S
I	S	D	I	O	R	E	S	U	C
R	U	Y	E	U	O	P	A	A	E
F	H	I	L	V	C	O	V	E	Y
A	S	U	B	O	O	E	O	U	T
D	S	U	B	I	A	I	I	A	R
C	U	P	I	R	E	A	R	S	T

2 **Des blancs à compléter** Complétez ces phrases à l'aide des six verbes que vous avez entourés dans le puzzle. Employez le présent.

1. Il _____ parler plusieurs langues si on veut travailler dans le commerce international.
2. Martine et son mari _____ souvent le directeur de l'entreprise et sa femme à dîner.
3. De temps en temps, je _____ mes amis d'école.
4. Est-ce que vous _____ toujours travailler le samedi dans votre magasin?
5. Si vous voulez, nous _____ vous aider à préparer le budget.
6. Tu _____ où se trouve la cafétéria de l'entreprise?

3 **Des commérages** La vendeuse du magasin *Mode active* est toujours en train de faire des commérages. Complétez sa conversation avec une autre employée à l'aide du présent des verbes de la liste.

> s'asseoir   devoir   falloir   pouvoir   recevoir   savoir   voir

VENDEUSE Dis, tu sais qu'à midi, je (1) _____ souvent Mona et Luc au café du Parc. Ils (2) _____ ensemble à une petite table, au fond du café.

EMPLOYÉE Ah oui? Et il paraît que Mona (3) _____ des fleurs tous les vendredis.

VENDEUSE Eh bien, je crois que maintenant, nous (4) _____ qui lui envoie ces fleurs!

EMPLOYÉE En tout cas, il ne (5) _____ pas en parler aux autres employés! Tu sais, quand tu parles d'histoires d'amour au travail, tu (6) _____ créer des problèmes.

VENDEUSE Oui... surtout avec Maryline...

EMPLOYÉE Avec Maryline? Pourquoi?

VENDEUSE Elle est toujours en train de regarder Luc et de lui sourire.

EMLOYÉE Elle (7) _____ sûrement être amoureuse de lui, elle aussi!

VENDEUSE Quel Don Juan, ce Luc, alors!

4   **En voyage d'affaires** M. Charpentier, en voyage d'affaires, téléphone au bureau à Lille pour savoir ce qu'il s'y passe. Utilisez le passé composé pour lui dire que tout s'est passé hier. Employez tous les pronoms possibles et faites attention aux accords.

> **modèle**
>
> —Dites-moi, il pleut à Lille aujourd'hui?
> —*Non, il a plu hier.*

1. —Madame Gimenez et Monsieur Dumas doivent prendre une journée de congé demain?
   —_____

2. —La directrice du personnel reçoit les membres du syndicat aujourd'hui?
   —_____

3. —Vous allez pouvoir déposer les chèques aujourd'hui?
   —_____

4. —Nous devons regarder les comptes demain?
   —_____

5. —Mademoiselle Alaïa et vous, vous voyez le conseiller aujourd'hui?
   —_____

5   **La vie professionnelle** Utilisez les fragments pour faire des phrases complètes. Le contexte va vous aider à choisir le temps qu'il faut utiliser.

1. il / falloir / quatre heures / pour finir / budget / semaine dernière
   _____

2. hier après-midi / je / ne pas voir / mon patron / à la réunion
   _____

3. nous / s'apercevoir / manquer un projecteur / quand nous / arriver à la réunion / ce matin
   _____

4. comme il / pleuvoir beaucoup / ici / nous / manger souvent / bureau
   _____

5. ma famille / savoir / depuis toujours / que / je / vouloir / travailler à mon compte (*for myself*)
   _____

6   **Projets de week-end** Quels sont vos projets pour ce week-end? Écrivez deux ou trois phrases pour décrire ce que vous et vos amis voulez, pouvez et devez faire.

> **modèle**
>
> *Je <u>veux</u> aller au cinéma voir le dernier film de Spielberg, mais je
> ne <u>peux</u> pas parce que je <u>dois</u> travailler dans le magasin de mon oncle.*

_____
_____
_____
_____
_____

Workbook

RÉDACTION

Étape 1

Imaginez que vous ayez presque fini vos études et que vous vouliez commencer à chercher du travail. Dans cette activité, vous allez écrire une lettre à une agence de recrutement (*head hunter agency*) dans laquelle vous décrirez votre formation et vos objectifs à long terme dans le domaine professionnel.

Commencez par faire une liste de vos qualifications (études et formations, qualifications diverses, centres d'intérêt, etc.). Ensuite, faites une liste des types de professions qui vous plairaient et expliquez pourquoi. Enfin, réfléchissez et décidez quels sont les trois critères les plus importants pour vous, dans la vie et pour votre carrière.

Étape 2

Utilisez les listes que vous avez faites pour écrire les trois paragraphes principaux de votre lettre: type(s) de profession recherché(s), études et qualifications, objectifs professionnels à long terme. Puis, rédigez une introduction dans laquelle vous vous présentez brièvement et où vous expliquez également le but de votre lettre. Enfin, ajoutez une petite conclusion où vous résumez les points les plus importants.

_____

_____

_____

_____

_____

_____

_____

_____

_____

_____

_____

_____

_____

_____

_____

_____

_____

_____

_____

_____

POUR COMMENCER

Leçon 10

1   **L'environnement** Reliez les termes qui ont un sens similaire.

_____ 1. contaminer   a. pure

_____ 2. protéger   b. nuisible

_____ 3. toxique   c. rivière

_____ 4. fleuve   d. infecter

_____ 5. potable   e. développer

_____ 6. urbaniser   f. préserver

2   **Qui suis-je?** Lisez ces phrases et devinez ce qu'elles décrivent.

1. On me voit dans le ciel, mais seulement la nuit. Pour bronzer, essayez plutôt le soleil! Je suis _____.

2. Je suis un phénomène naturel dont on a souvent peur en Floride, surtout en été et en automne. Je suis _____.

3. Je suis une source d'énergie qui n'est pas renouvelable et qui pollue beaucoup. Je suis _____.

4. Je fais souvent mon apparition dans le ciel après la pluie et j'ai plusieurs couleurs. Je suis _____.

5. Je suis un animal qui vit surtout en Asie. J'ai de belles rayures (*stripes*) et je suis un cousin lointain du chat. Je suis _____.

6. Je suis un animal. On me trouve dans certains grands parcs des États-Unis et au Canada. J'adore le poisson, surtout le saumon! Je suis _____.

3   **La pollution** Décrivez en quatre phrases ce que vous voyez sur la photographie. Quelles sont les conséquences de ce genre de pollution? Que peut-on faire pour essayer de résoudre ce problème?

_____

_____

_____

_____

_____

_____

_____

_____

_____

_____

Workbook

IMAGINEZ

La Polynésie française, la Nouvelle-Calédonie, l'Asie (texte pages 358–359)

Petit test culturel Répondez à ces questions sur la Polynésie française, la Nouvelle-Calédonie
et l'Asie par des phrases complètes.

1. Quels sont les trois pays de l'ancienne Indochine française?

   _____

2. Quelle région du Viêt-nam est connue pour ses villages de pêcheurs aux maisons flottantes?

   _____

3. Quel pourcentage des ressources agricoles du Viêt-nam proviennent du Mékong?

   _____

4. Que peut-on voir dans la cité royale de Luang Prabang, au Laos?

   _____

5. Où peut-on admirer des merveilles de l'architecture Khmer?

   _____

Découvrons l'Asie francophone et les DROM

À votre tour Écrivez quatre ou cinq phrases sur la photographie à l'aide de ces questions: Quel est
cet événement? Où et quand se passe-t-il? Que savez-vous à son sujet?

_____

_____

_____

_____

_____

_____

_____

_____

_____

_____

_____

Workbook

Galerie de créateurs (texte pages 362–363)

1 **La peinture**

A. Identifiez cette œuvre. Qui est l'artiste et d'où vient-elle? Quel type de couleurs préfère-t-elle utiliser dans ses tableaux?

_____

_____

_____

_____

B. Regardez cette œuvre dans votre livre. Que représente-t-elle? Vous plaît-elle? Pourquoi?

_____

_____

_____

_____

2 **Questions**

1. Comment s'appelle le groupe de Patrice Kaikilekofe? Décrivez le style musical de ce groupe.

_____

_____

_____

2. Quel type d'artiste est Steeve Thomo? Quelle est la matière naturelle qu'il utilise pour son art?

_____

_____

_____

3. D'où vient l'inspiration du réalisateur cambodgien Rithy Panh? Que cherche-t-il à faire?

_____

_____

_____

3 **À votre tour** Quelle autre personne de Polynésie française, de Nouvelle-Calédonie ou d'Asie francophone est connue aux États-Unis? Expliquez pourquoi. Si vous ne connaissez personne, dites lequel des quatre artistes présentés vous intéresse le plus, et pourquoi.

_____

_____

_____

_____

_____

_____

_____

Workbook

STRUCTURES

10.1 *Si* clauses

1   **Pendant les vacances** Choisissez la bonne forme verbale pour compléter chaque phrase.

1. Si nous faisons de la plongée près d'un récif de corail, nous _____ de beaux poissons.
      a. voyons   b. verrons   c. verrions

2. Si on allait à la mer cet été, on _____ faire du surf.
      a. pouvait   b. peut   c. pourrait

3. Si tu n'as pas de nouvelles de Sylvie à cinq heures, _____ à sa mère.
      a. téléphone   b. téléphones   c. téléphoner

4. Les Dumais _____ des singes magnifiques s'ils vont en Afrique.
      a. vont voir   b. verraient   c. voyaient

5. Tu _____ déjà malade si tu avais bu de l'eau contaminée.
      a. avais été   b. seras   c. serais

6. Je veux bien aller à la conférence sur l'environnement si vous _____ avec moi.
      a. veniez   b. étiez venus   c. venez

2   **Se soucier de l'environnement** Choisissez les bonnes combinaisons pour compléter les phrases.

1. Les enfants, si vous _____ vos papiers par terre, je _____.
      a. jetiez, me fâche   b. jetez, vais me fâcher

2. Et si nous _____ à la campagne? On _____ élever des moutons.
      a. allions habiter, pourrait   b. habitons, pourra

3. Sophie _____ plus heureuse si elle _____ dans un endroit moins urbanisé.
      a. était, vivrait   b. serait, vivait

4. Si tu _____, Papa t'_____ le problème du réchauffement de la planète.
      a. veux, expliquerait   b. veux, expliquera

5. Il _____ de l'eau chaude si vous _____ une douche de vingt minutes!
      a. resterait, n'aviez pas pris   b. reste, n'allez pas prendre

3   **Il n'est jamais trop tard pour changer!** Vos amis ne se sentent pas très concernés par les problèmes de l'environnement. Faites des suggestions pour qu'ils changent de comportement.

> **modèle**
> Gabrielle prend de longs bains.
> *Et si elle prenait des douches?*

1. En camping, nous jetons nos déchets par terre.

   _____

2. Moi, je chasse toutes sortes d'animaux.

   _____

3. Élisabeth va acheter une grosse voiture.

   _____

4. Céline et Patrick gaspillent beaucoup d'électricité à la maison.

   _____

5. L'entreprise de mon oncle consomme beaucoup d'énergie.

   _____

Workbook

4 **Pour ou contre la chasse?** Julien adore chasser, mais sa copine Nadine est contre. Complétez leur conversation en conjugant les verbes entre parenthèses.

JULIEN   Si je/j'(1) _____ (aller) à la chasse ce week-end, tu viens avec moi?

NADINE   Ah non! Pas question! Je déteste la chasse. C'est horrible!

JULIEN   C'est parce que tu es d'une grande ville que tu dis ça. Si tu (2) _____ (grandir) à la campagne, comme moi, tu (3) _____ (comprendre) que la chasse est une activité... naturelle.

NADINE   Naturelle? Si tout le monde (4) _____ (penser) comme toi, il (5) _____ (ne plus y avoir) d'animaux dans nos forêts!

JULIEN   Mais, dis-moi, tu manges de la viande?

NADINE   Non, je suis végétarienne, moi!

JULIEN   Végétarienne? Quelle drôle d'idée! Moi, si je (6) _____ (ne pas manger) de viande, je (7) _____ (ne pas avoir) d'énergie.

NADINE   Quelle idée! Je t'assure que si je nous (8) _____ (préparer) un bon repas végétarien à ma façon, nous (9) _____ (être) pleins d'énergie!

JULIEN   Ah oui? Alors, j'ai une idée! Si tu (10) m' _____ (inviter) à dîner chez toi ce soir?

5 **Conditions** Imaginez ce qui se passerait ou ce qui va peut-être se passer dans ces situations. Terminez les phrases selon vos idées personnelles. Attention à l'emploi des temps!

> **modèle**
> S'il n'y avait pas d'animaux sur terre, *on serait tous végétariens!*

1. Si les ordinateurs n'avaient pas été inventés, _____.

2. S'il ne pleuvait jamais, _____.

3. Si mon candidat préféré devient président, _____.

4. Si les voitures marchaient à l'eau, _____.

5. Si un jour, on découvre qu'il y a d'autres civilisations dans l'espace, _____.

6 **Questions personnelles** Répondez à ces questions.

1. Que feriez-vous si vous n'alliez pas à l'université?

_____

2. Vos amis et vous, que feriez-vous si vous aviez du temps libre pendant la semaine?

_____

3. Que ferez-vous si vous n'avez pas assez d'argent pour partir en vacances cet été?

_____

4. Si on vous proposait un travail intéressant dans un pays étranger, l'accepteriez-vous? Comment réagiraient votre famille et vos amis?

_____

_____

Workbook

10.2 The future perfect

1 Anagrammes Retrouvez les infinitifs de ces phrases. Puis, mettez-les au futur antérieur.

> **modèle**
> Que c'est bon de P R I R S E E R l'air pur de la montagne!
> *respirer*
> on *aura respiré*

1. Les usines doivent arrêter de N O R C E T M A I N les rivières. _____
   elles _____
2. Je ne sais vraiment pas comment É R R D O E U S ce problème. _____
   je/j'_____
3. En 2080?! Toi et moi, on va T R I P S A D E I R A avant, c'est sûr. _____
   nous _____
4. Il faut absolument R É R V I P N E la disparition de ces espèces qui sont déjà en voie d'extinction. _____
   vous _____
5. Mes amies préfèrent S D N E E D R C E par l'escalier. _____
   elles _____

2 Évacuation On a prédit un ouragan et la famille de William se prépare à évacuer. Complétez ce qu'ils disent en employant le futur ou le futur antérieur des verbes entre parenthèses.

—Quand nous (1) _____ (finir) nos valises, nous les (2) _____ (mettre) dans la voiture. William, quand ta sœur (3) _____ (descendre) de sa chambre, tu la/l' (4) _____ (aider) à porter ses affaires dans le garage. Mais? Où est le chien? Les enfants, cherchez-le et quand vous le/l'(5) _____ (trouver), gardez-le dans la maison!

—Maman, maman, quand est-ce qu'on (6) _____ (partir)?

—Nous (7) _____ (se mettre en route) dès que ton père et ton frère (8) _____ (revenir) de la station-service.

3 Ce n'est pas logique! Reformulez ces phrases pour mettre les événements dans l'ordre chronologique. Utilisez le futur antérieur avec **quand, lorsque, après que, aussitôt que** et **une fois que**.

> **modèle**
> Tu obtiendras ton diplôme avant de finir tes études.
> *Mais non! J'obtiendrai mon diplôme quand j'aurai fini mes études.*

1. Valérie se couchera, puis elle prendra son bain.

   _____

2. Je vais préparer le repas après avoir mangé.

   _____

3. Il y aura sûrement une inondation avant qu'il pleuve.

   _____

4. Nous jetterons ces papiers avant de finir nos hamburgers.

   _____

5. Susie et Serge vont partir à l'université avant de se réveiller.

   _____

4 **Chaque chose en son temps!** Fatima, Marc, Pauline et Yannick voyagent en Polynésie française. Yannick est très impatient de découvrir cette belle région, mais chaque chose en son temps. Donnez les réponses de Fatima à Yannick. Variez vos expressions.

> **modèle**
>
> —On peut aller à la plage maintenant? (trouver un hôtel)
> —*Quand on aura trouvé un hôtel, on ira à la plage.*

1. —Je vais visiter Papeete. (acheter une carte de la ville)

   —_____

2. —Nous devons absolument faire de la plongée. (obtenir des masques de plongée à l'hôtel)

   —_____

3. —On goûte à des spécialités locales? (choisir un bon restaurant)

   —_____

4. —Fatima, tu vas faire du bateau? (se reposer un peu)

   —_____

5 **La vie en plein air** Faites des phrases complètes à l'aide des fragments. Utilisez le futur et le futur antérieur dans chaque phrase. Attention à l'ordre des événements!

1. fermer / aussitôt que / rentrer / dans la grange (*barn*) / la porte / nous / les moutons

   _____

2. finir / à la poubelle / nous / notre pique-nique / les déchets / après que / Paul / mettre

   _____

3. lorsque / se lever / les filles / aller / à la plage / le soleil

   _____

4. ta randonnée / les ours / une fois que / partir / tu / pouvoir continuer

   _____

5. je / rentrer / quand / chez moi / je / un e-mail / envoyer / vous

   _____

6 **Ça sera déjà arrivé, c'est sûr!** Complétez les phrases pour décrire quelque chose qui sera déjà arrivé au moment indiqué.

> **modèle**
>
> quand vous vous marierez
> *Quand je me marierai, ma fiancée et moi, nous aurons déjà choisi le lieu de*
> *notre voyage de noces.*

1. quand vous finirez vos études

   _____

2. lorsque vous achèterez une maison

   _____

3. quand votre meilleur(e) ami(e) aura un enfant

   _____

4. quand vous déciderez de fonder (*have*) une famille

   _____

Workbook

10.3 The past conditional

1 **Si seulement...** Aujourd'hui, personne n'est content et vos amis expriment tous des regrets. Entourez la bonne forme du conditionnel passé pour compléter les phrases.

1. Ah! Si seulement Hector était venu, il (aurait vu / auriez vu / auraient vu) le film d'Al Gore!

2. Lisa, je sais bien que tu (serais allé / serait allée / serais allée) aider les victimes de l'inondation si tu avais été dans la région.

3. Moi, je (n'aurait pas toléré / n'aurais pas toléré / n'aurions pas toléré) de voir tout ce gaspillage si j'avais été là.

4. Si Jérôme et son ami s'étaient levés plus tôt, ils (serait parti / seraient partis / serions parties) avec les autres à la manifestation.

5. Si on avait quelque chose pour les protéger, ces espèces (n'auraient pas disparu / n'aurait pas disparue / n'auraient pas disparues)!

6. Qu'est-ce que vous (aurions aimé / seriez aimés / auriez aimé) ce voyage!

2 **Au Viêt-nam** Lucille et ses amis n'ont pas pu aller au Viêt-nam. Complétez les phrases en mettant les verbes entre parenthèses au conditionnel passé pour dire ce qu'ils auraient fait là-bas.

1. Lucille _____ (sortir) avec ses amis vietnamiens.

2. Gérard et Hervé _____ (visiter) Hô Chi Minh-Ville.

3. Moi, je/j'_____ (prendre) des photos des rizières.

4. Toi, Clémentine, tu _____ (se promener) dans Hanoï en cyclopousse.

5. Hervé et Samuel, vous _____ (aller) voir la Grande poste.

6. Nous _____ (finir) notre séjour par une promenade en bateau dans la baie d'Along.

3 **Un magazine écolo** Vous avez lu les gros titres d'un magazine à tendance écologique. Parlez-en.

> **modèle**
>
> Nouvelle source d'énergie découverte en Grande-Bretagne.
> *Selon le magazine, on aurait découvert une nouvelle source d'énergie en Grande-Bretagne.*

1. Dix nouvelles espèces animales disparues.

   _____

2. Quatre présidents se sont réunis pour parler du réchauffement de la planète.

   _____

3. L'écologiste Pierre Montreuil a menacé un industriel américain.

   _____

4. La Seine est encore plus polluée depuis ces derniers mois.

   _____

5. La sécheresse en Afrique a encore empiré.

   _____

Workbook

4 **Reproches et regrets** Faites des reproches à ces personnes ou exprimez des regrets en utilisant le conditionnel passé. Utilisez les verbes ou expressions entre parenthèses.

> **modèle**
> J'ai jeté ce sac en plastique dans la rivière. (devoir)
> *Tu aurais dû le jeter dans une poubelle!*

1. Natasha a touché un animal au zoo. (devoir)

   Tu _____

2. Les filles ont pris leur moto pour aller à la boulangerie au coin de la rue. (pouvoir)

   Elles _____

3. J'ai gaspillé beaucoup de papier pour imprimer ce document.

   Je _____

4. Tu n'as pas eu l'occasion de faire de la randonnée dans la forêt tropicale? (adorer)

   Tu _____

5. Nous n'avons pas pu convaincre Yves de faire un effort pour protéger l'environnement. (vouloir)

   Nous _____

5 **Scénarios catastrophe** D'après vous, qu'est-ce qui se serait passé ou qu'est-ce qu'on aurait fait dans ces situations? Utilisez le conditionnel passé dans vos phrases et donnez deux suggestions pour chacune.

1. s'il y avait eu un tremblement de terre pendant vos dernières vacances

   _____

2. si votre famille avait été prise dans un ouragan

   _____

3. si votre meilleur(e) ami(e) avait été mordu(e) (*bitten*) par une araignée très dangereuse pendant un week-end de camping

   _____

4. si un ours avait attaqué des touristes dans un parc

   _____

5. si vous vous étiez perdu(e) en montagne sans rien à manger ni à boire

   _____

6 **Si j'avais grandi là-bas...** Si vous aviez grandi au Viêt-nam ou au Cambodge, en quoi votre vie aurait-elle été différente? Écrivez quatre phrases au conditionnel passé.

_____

_____

_____

_____

RÉDACTION

Étape 1

Dans ce chapitre, vous avez exploré la nature et les problèmes liés à la protection de l'environnement. Maintenant, c'est à vous d'en parler.

Commencez par répondre à ces questions.

1. Quel est, d'après vous, le problème actuel le plus grave concernant notre environnement? Pourquoi?

   Problème: _____

   Votre raison pour le choisir: _____

2. Quelles sont les causes principales de ce problème?

   • _____

   • _____

3. À l'avenir, quelles vont en être les conséquences?

   • _____

   • _____

4. Que peut-on faire pour le résoudre?

   • _____

   • _____

Étape 2

Faites une rédaction de huit à dix phrases au sujet du problème que vous avez identifié dans l'étape précédente. Incorporez vos réponses de l'Étape 1 pour décrire le problème, en expliquant les causes et les conséquences pour l'environnement, et en définissant la solution que vous proposez.

_____

_____

_____

_____

_____

_____

_____

_____

_____

_____

_____

POUR COMMENCER   # Leçon 1

1 **Positif ou négatif?** Écoutez Marthe parler des étudiants qui habitent dans sa résidence universitaire. Indiquez si chaque commentaire est **positif** ou **négatif**.

	positif	négatif		positif	négatif
1.	○	○	6.	○	○
2.	○	○	7.	○	○
3.	○	○	8.	○	○
4.	○	○	9.	○	○
5.	○	○	10.	○	○

2 **Réponses logiques** Écoutez ces personnes. Pour chaque commentaire, choisissez la réponse la plus logique.

_____ 1. a. On ne peut pas lui faire confiance.
          b. Il faut tout partager avec lui.
          c. Ça ne devrait pas te gêner.

_____ 2. a. Ce n'est pas grave!
          b. Ne t'inquiète pas! C'est passager!
          c. Elle est sûrement jalouse.

_____ 3. a. Ils pensent que vous êtes trop jeunes.
          b. Et pourquoi ne vous mariez-vous pas?
          c. C'est trop de responsabilité, à mon avis!

_____ 4. a. Ils sont tombés amoureux.
          b. C'est parce qu'ils sont veufs.
          c. Tu crois qu'ils vont divorcer?

_____ 5. a. Tu cherches l'âme sœur, quoi!
          b. À mon avis, tu devrais rompre avec elle.
          c. Je ne comprends pas pourquoi tu as si peur de t'engager.

3 **Des conseils** Vous donnez toujours de bons conseils, alors vos amis viennent souvent vous demander votre avis. Donnez-leur des suggestions logiques.

> **modèle**
>
> Ma meilleure amie dépense trop d'argent.
> *Dis-lui d'être plus économe.*

1. _____

2. _____

3. _____

4. _____

5. _____

Lab Manual

STRUCTURES

1.1 Spelling-change verbs

1 **Un message** Écoutez le message qu'Éric a laissé sur votre répondeur. D'abord, entourez les formes verbales que vous entendez, sauf les infinitifs. Ensuite, donnez les infinitifs qui leur correspondent.

achète	partagez	rappelle	commençons
rappellent	espèrent	achetez	préférez
essaient	rangeons	essaie	envoies
lèvent	partageons	envoie	nettoies
préfères	amène	espères	payons

1. _____
2. _____
3. _____
4. _____
5. _____

6. _____
7. _____
8. _____
9. _____
10. _____

2 **À vous d'écrire** Pour chaque phrase, écrivez la forme verbale que vous entendez.

1. _____
2. _____
3. _____
4. _____
5. _____
6. _____

3 **Ma vie à l'université** Répondez aux questions que vous entendez par des phrases complètes.

1. _____
2. _____
3. _____
4. _____
5. _____
6. _____

1.2 The irregular verbs *être*, *avoir*, *faire*, and *aller*

1   **Les amis de Lucas** Écoutez Lucas parler de ses amis de l'université. Indiquez le verbe utilisé.

	être	avoir	faire	aller
1.	○	○	○	○
2.	○	○	○	○
3.	○	○	○	○
4.	○	○	○	○
5.	○	○	○	○
6.	○	○	○	○
7.	○	○	○	○
8.	○	○	○	○

2   **Ah bon?** Mazarine et ses amis ont des problèmes. Écoutez ce qu'elle dit, puis répondez-lui à l'aide des éléments donnés.

> **modèle**
>
> Carole ne me parle plus.
> être fâché
> *Ah bon? Carole est fâchée?*

1. avoir beaucoup de devoirs

_____

2. ne plus lui faire confiance

_____

3. aller mieux

_____

4. ne plus être fiancés

_____

5. être jalouse

_____

6. ne pas avoir beaucoup d'amis

_____

3   **Des déductions** Faites une déduction logique basée sur chaque situation. Utilisez être, avoir, faire ou aller. Il peut y avoir plusieurs bonnes réponses possibles.

> **modèle**
>
> Stéphanie a rencontré l'âme sœur.
> *Elle est tombée amoureuse.*

1. _____

2. _____

3. _____

4. _____

5. _____

Lab Manual

1.3 Forming questions

1 **Question ou affirmation?** Indiquez si chaque phrase que vous entendez est une **question** ou une **affirmation**.

	question	affirmation
1.	○	○
2.	○	○
3.	○	○
4.	○	○
5.	○	○
6.	○	○

2 **Reformulez** Écoutez ces personnes qui posent des questions à leurs amis. Reformulez les questions.

> **modèle**
> Qu'est-ce qu'il fait?
> *Que fait-il?*

1. _____
2. _____
3. _____
4. _____
5. _____
6. _____

3 **Posez la question** Écrivez une question d'après la réponse de chaque personne. Il peut y avoir plus d'une possibilité.

> **modèle**
> D'habitude, nous allons au café Marceau.
> *Où allez-vous, d'habitude?*

1. _____
2. _____
3. _____
4. _____
5. _____
6. _____

LITTÉRATURE

1 Écoutez l'extrait (*excerpt*) et indiquez si ces affirmations sont **vraies** ou **fausses**.

	Vrai	Faux
1. Mirabeau est le nom d'un pont.	○	○
2. La Seine est un fleuve.	○	○
3. Le poète se rappelle ses amours.	○	○
4. Le poète s'en va.	○	○
5. L'extrait parle de deux sentiments opposés.	○	○

2 Écoutez l'extrait et indiquez si ces affirmations sont **vraies** ou **fausses**.

	Vrai	Faux
1. Il s'agit de deux amoureux.	○	○
2. Les deux amoureux se regardent.	○	○
3. Le poète semble triste.	○	○
4. Les bras sont comparés à un pont.	○	○
5. C'est le matin.	○	○

3 Écoutez l'extrait et indiquez si ces affirmations sont **vraies** ou **fausses**.

	Vrai	Faux
1. L'Espérance est comparée au fleuve.	○	○
2. L'amour dure toujours.	○	○
3. L'amour est comme l'eau de la Seine.	○	○
4. L'Espérance est tranquille.	○	○
5. Le rythme de la vie s'accélère.	○	○

4 Écoutez l'extrait et indiquez si ces affirmations sont **vraies** ou **fausses**.

	Vrai	Faux
1. Les semaines passent.	○	○
2. Le poète est probablement déprimé.	○	○
3. Le poète a retrouvé son amour.	○	○
4. L'amour revient.	○	○
5. Le poème finit bien.	○	○

Lab Manual

VOCABULAIRE

Les relations personnelles

Maintenant, vous allez entendre le vocabulaire qui est dans votre livre, à la fin de la leçon. Écoutez et répétez.

POUR COMMENCER   # Leçon 2

1 **Des indications** Écoutez les indications du policier et mettez un X devant les phrases correctes.

_____ 1. Le piéton cherche le palais de justice.

_____ 2. L'hôtel de ville se trouve à côté du palais de justice et de la préfecture de police.

_____ 3. Le policier suggère au piéton de prendre le bus.

_____ 4. Il faut passer sur un pont.

_____ 5. L'hôtel de ville est à côté d'une station de métro.

2 **Citadins** Écoutez chaque phrase et entourez (*circle*) l'adjectif qui décrit le mieux la situation. Ensuite, réécrivez la phrase avec cet adjectif.

> **modèle**
> Métro, boulot, dodo: c'est ma vie de tous les jours.
> plein / (quotidien) / inattendu
> *Métro, boulot, dodo: c'est ma vie quotidienne.*

1. quotidien / bruyant / sûr

_____

2. sûr / peuplé / inattendu

_____

3. vide / animé / privé

_____

4. plein / bruyant / privé

_____

5. inattendu / peuplé / vide

_____

3 **Projets de week-end** Écoutez la conversation, puis répondez aux questions par des phrases complètes.

1. Qu'est-ce qu'Alice va faire samedi matin?

_____

2. Et samedi après-midi, que va-t-elle faire?

_____

3. Où est-ce que Simon et ses amis vont dîner samedi soir?

_____

4. Qu'est-ce que Simon propose à Alice?

_____

5. À quelle heure vont-ils se retrouver?

_____

STRUCTURES

2.1 Reflexive and reciprocal verbs

1 **À vous de choisir** Écoutez chaque phrase et indiquez si le verbe est **pronominal** ou **non-pronominal**. Ensuite, écrivez l'infinitif de chaque verbe.

	pronominal	non-pronominal	
1.	○	○	_____
2.	○	○	_____
3.	○	○	_____
4.	○	○	_____
5.	○	○	_____
6.	○	○	_____

2 **Actions réciproques** Écoutez les deux phrases, puis faites-en une seule à l'aide de la forme correcte de l'un l'autre.

> **modèle**
> Patrice regarde Marc. Marc regarde Patrice.
> *Ils se regardent l'un l'autre.*

1. _____
2. _____
3. _____
4. _____
5. _____

3 **Vos habitudes** Répondez aux questions que vous entendez par des phrases complètes.

1. _____
2. _____
3. _____
4. _____
5. _____
6. _____

Lab Manual (side tab)

2.2 Descriptive adjectives and adjective agreement

1 **Le logement de Max** Écoutez Max parler de son logement. Mettez un X à côté des adjectifs qui décrivent correctement son appartement ou son quartier.

_____ animé	_____ calme	_____ grand
_____ beau	_____ cher	_____ nouveau
_____ bruyant	_____ dangereux	_____ vieux

2 **On est semblable** Gabriel et ses amis sont très semblables. Faites des phrases pour les décrire.

> **modèle**
> Gabriel est petit.
> Sabine et Olivia
> *Sabine et Olivia sont petites aussi.*

1. Juliette

   _____

2. Marc et Henri

   _____

3. Stéphanie et Pierre

   _____

4. Janine

   _____

5. Mona et Laure

   _____

3 **Vous vous trompez!** Écoutez chaque question et répondez-y à l'aide de l'adjectif contraire. Attention au placement des adjectifs!

> **modèle**
> C'est une ville calme?
> ville / animé
> *Non, c'est une ville animée.*

1. rue / public

   _____

2. voiture / vieux

   _____

3. immeuble / grand

   _____

4. quartier / dangereux

   _____

5. restaurant / plein

   _____

Lab Manual

2.3 Adverbs

1 **Les amis de Raphaël** Écoutez Raphaël, puis dites comment ses amis font ces choses, à l'aide d'adverbes.

> **modèle**
>
> Salim est attentif.
> écouter
> *Il écoute attentivement.*

1. conduire

   _____

2. comprendre

   _____

3. faire les choses

   _____

4. parler anglais

   _____

5. parler

   _____

2 **Le bon choix** Écoutez les conversations et choisissez l'adverbe qui complète chaque phrase.

1. Martine doit conduire plus _____.
   a. vite   b. lentement   c. brièvement

2. Carole doit parler plus _____ à son petit frère.
   a. gentiment   b. doucement   c. mal

3. Annabelle veut _____ aller au cinéma.
   a. peut-être   b. constamment   c. rarement

4. _____, Claude n'a pas trouvé de logement.
   a. Heureusement   b. Soudain   c. Malheureusement

5. Noémie ne veut pas sortir avec ses amis parce que la soirée va finir _____.
   a. tard   b. souvent   c. bientôt

3 **Vos habitudes** Répondez aux questions que vous entendez par des phrases complètes à l'aide des adverbes donnés.

1. _____

2. _____

3. _____

4. _____

5. _____

LITTÉRATURE

1 Écoutez l'extrait et indiquez si ces affirmations sont **vraies** ou **fausses**.

	Vrai	Faux
1. Les cœurs sont fatigués.	○	○
2. La Cinémathèque est fermée.	○	○
3. Les idées circulent librement.	○	○
4. Seule l'université reste ouverte.	○	○
5. Le poème traite de l'oppression.	○	○

2 Écoutez l'extrait et indiquez si ces affirmations sont **vraies** ou **fausses**.

	Vrai	Faux
1. On dit toujours la vérité aux gens.	○	○
2. La police facilite la communication.	○	○
3. Le gouvernement se rebelle.	○	○
4. Les jeunes ne peuvent plus s'exprimer.	○	○
5. Le gouvernement approuve la rébellion.	○	○

3 Écoutez l'extrait et indiquez si ces affirmations sont **vraies** ou **fausses**.

	Vrai	Faux
1. Les jeunes refusent d'être vaincus.	○	○
2. Finalement, les jeunes abandonnent.	○	○
3. Tout était honnête et vrai par le passé.	○	○
4. Il faut être solidaire.	○	○
5. Les jeunes veulent être libres.	○	○

4 Écoutez l'extrait et indiquez si ces affirmations sont **vraies** ou **fausses**.

	Vrai	Faux
1. Les gens se fâchent.	○	○
2. L'Odéon est vide.	○	○
3. Il y a plusieurs acteurs.	○	○
4. L'Homme providentiel est le héros d'un drame récent.	○	○
5. Prévert critique le comportement des gens.	○	○

Lab Manual

VOCABULAIRE

En ville

Maintenant, vous allez entendre le vocabulaire qui est dans votre livre, à la fin de la leçon. Écoutez et répétez.

POUR COMMENCER

Leçon 3

1 **Définitions** Écoutez les définitions et associez-les aux mots ou expressions correspondants.

1. _____   a. la publicité
2. _____   b. la couverture
3. _____   c. la censure

4. _____   d. un(e) critique de cinéma
5. _____   e. un mensuel
6. _____   f. les sous-titres

2 **Les médias** Écoutez chaque phrase et dites si elle est **logique** ou **illogique**. Ensuite, corrigez les phrases illogiques.

> **modèle**
>
> Les téléspectateurs jouent dans des films.
> logique / illogique
> *Les vedettes de cinéma jouent dans des films.*

1. logique / illogique

  _____

2. logique / illogique

  _____

3. logique / illogique

  _____

4. logique / illogique

  _____

5. logique / illogique

  _____

6. logique / illogique

  _____

3 **La presse** Une journaliste interroge un jeune homme dans la rue. Écoutez leur conversation et répondez aux questions par des phrases complètes.

1. Est-ce que le jeune homme lit souvent le journal? Pourquoi?

  _____

2. Qu'est-ce qu'il lit le week-end pour s'informer?

  _____

3. Quels articles est-ce qu'il lit, d'habitude?

  _____

4. Est-ce qu'il lit souvent les nouvelles sur Internet? Pourquoi?

  _____

5. Quel autre type de lecture mentionne-t-il?

  _____

Lab Manual

STRUCTURES

3.1 The *passé composé* with *avoir*

1 **C'est à quel temps?** Écoutez chaque phrase et indiquez si la personne parle au **passé** ou au **présent**.

	passé	présent
1.	○	○
2.	○	○
3.	○	○
4.	○	○
5.	○	○
6.	○	○

2 **C'est arrivé hier.** Isabelle pense que ce dont elle parle va se passer aujourd'hui, mais en fait, tout est déjà arrivé. Utilisez le passé composé pour corriger les phrases.

> **modèle**
> TF1 va retransmettre le match de football.
> *Mais non, TF1 a déjà retransmis le match de football.*

1. _____

2. _____

3. _____

4. _____

5. _____

3 **Et vous?** Répondez aux questions que vous entendez par des phrases complètes. Employez le passé composé.

1. _____

2. _____

3. _____

4. _____

5. _____

6. _____

Lab Manual

3.2 The *passé composé* with *être*

1 **Le journal** Votre ami Hector vous résume les articles qu'il a lus dans le journal de ce matin. Indiquez s'il utilise l'auxiliaire **avoir** ou l'auxiliaire **être** dans ses phrases.

	avoir	être
1.	○	○
2.	○	○
3.	○	○
4.	○	○
5.	○	○
6.	○	○

2 **Les bonnes terminaisons** Irène décrit les activités de ses amis. Pour chaque phrase que vous entendez, notez l'auxiliaire et le participe passé appropriés. Attention aux terminaisons!

1. _____ _____

2. _____ _____

3. _____ _____

4. _____ _____

5. _____ _____

6. _____ _____

7. _____ _____

3 **Le contraire** Votre ami Martin est un peu distrait aujourd'hui et il se trompe. Dites le contraire de ce qu'il affirme pour le corriger.

> **modèle**
> Jérôme est rentré?
> *Non, il est sorti.*

1. _____

2. _____

3. _____

4. _____

5. _____

Lab Manual

3.3 The *passé composé* vs. the *imparfait*

1 **Passé composé ou imparfait?** Écoutez chaque phrase et indiquez si la personne qui parle utilise le passé composé ou l'imparfait.

	passé composé	imparfait
1.	○	○
2.	○	○
3.	○	○
4.	○	○
5.	○	○
6.	○	○

2 **Continuations** Vous allez entendre le début de plusieurs phrases. Terminez-les à l'aide des éléments donnés. Attention! Il faut choisir entre le passé composé et l'imparfait.

> **modèle**
>
> Je regardais un documentaire à la télévision quand...
> je / entendre le téléphone sonner
> *Je regardais un documentaire à la télévision quand j'ai entendu le téléphone sonner.*

1. je / le voir / dix fois

   _____

2. il / acheter / une télévision

   _____

3. elles / lire / toujours / leur horoscope

   _____

4. tu / entendre / un bruit bizarre

   _____

5. nous / être / petits

   _____

6. vous / aller / à Paris

   _____

3 **Et si c'était arrivé hier?** Nicolas, un étudiant français de votre université, vous décrit plusieurs événements. Refaites chaque phrase au passé composé ou à l'imparfait.

> **modèle**
>
> Le Premier ministre est furieux contre le ministre de l'Éducation.
> *Le Premier ministre était furieux contre le ministre de l'Éducation.*

1. _____
2. _____
3. _____
4. _____
5. _____
6. _____

LITTÉRATURE

1 Écoutez l'extrait et indiquez si ces affirmations sont **vraies** ou **fausses**.

	Vrai	Faux
1. L'action se situe dans le futur.	○	○
2. On est en 2222.	○	○
3. *L'Express* est un magazine.	○	○
4. Le narrateur est nostalgique.	○	○
5. Selon le narrateur, le monde n'a pas du tout changé depuis 2222.	○	○

2 Écoutez l'extrait et indiquez si ces affirmations sont **vraies** ou **fausses**.

	Vrai	Faux
1. Les fans n'assistent plus aux matchs.	○	○
2. On regarde le sport en 3D à la maison.	○	○
3. On recrée des bagarres virtuelles.	○	○
4. L'Olympique de Marseille est un stade.	○	○
5. Les matchs sont virtuels.	○	○

3 Écoutez l'extrait et indiquez si ces affirmations sont **vraies** ou **fausses**.

	Vrai	Faux
1. Publi-Pub fait la publicité des vedettes.	○	○
2. Les publicistes ont besoin de publicistes.	○	○
3. Pub-Pub-Publi s'occupe de la publicité de Publi-Pub.	○	○
4. *L'Express* est contre les agences de publicité.	○	○
5. La publicité a été interdite en 2222.	○	○

4 Écoutez l'extrait et indiquez si ces affirmations sont **vraies** ou **fausses**.

	Vrai	Faux
1. L'article parle d'un joueur de basket.	○	○
2. Le sponsoring des joueurs est devenu un problème.	○	○
3. Les joueurs portent très peu de badges.	○	○
4. Les joueurs du Paris-Saint-Germain portent tous le même maillot.	○	○
5. Le football n'existe probablement plus au moment où le narrateur parle.	○	○

Lab Manual

VOCABULAIRE

L'univers médiatique

Maintenant, vous allez entendre le vocabulaire qui est dans votre livre, à la fin de la leçon. Écoutez et répétez.

POUR COMMENCER

Leçon 4

1 **Les informations** Écoutez les informations à la radio et mettez un X devant les sujets mentionnés.

_____ 1. un kidnapping

_____ 2. un scandale politique

_____ 3. des élections

_____ 4. le terrorisme

_____ 5. un président

_____ 6. la violence

_____ 7. une guerre civile

_____ 8. une nouvelle loi

2 **Politique et société** Écoutez chaque définition et entourez le mot qui lui correspond. Ensuite, choisissez un des deux mots qui restent et faites une phrase.

> **modèle**
>
> Le gouvernement n'est pas juste et les gens sont opprimés.
> une démocratie / une dictature / une loi
> *Dans une démocratie, les gens sont libres.*

1. la guerre / la sécurité / une croyance

   _____

2. un scandale / la victoire / un abus de pouvoir

   _____

3. un drapeau / un juge / la peur

   _____

4. sauver / espionner / enlever

   _____

3 **Un reportage** Gilles pose des questions à Amina, une jeune femme d'origine marocaine. Écoutez la conversation, puis répondez aux questions par des phrases complètes.

1. Quelle est la profession d'Amina?

   _____

   _____

2. Pourquoi a-t-elle choisi cette profession?

   _____

   _____

3. Dans quel domaine est-elle spécialisée?

   _____

   _____

4. Quels sont les trois problèmes contre lesquels Amina lutte?

   _____

   _____

5. Qui défend-elle surtout?

   _____

   _____

Lab Manual

STRUCTURES

4.1 The *plus-que-parfait*

1 **Quel verbe?** Écoutez chaque phrase et entourez l'infinitif du verbe qui est au plus-que-parfait.

1. savoir / voter / décider / voir

2. aller / profiter / voler / partir

3. entendre / dire / être / retirer

4. annoncer / décider / emprisonner / déclarer

5. connaître / commencer / vouloir / se consacrer

2 **Déjà arrivé!** On vous pose des questions sur la Deuxième Guerre mondiale. Répondez par des phrases complètes au plus-que-parfait. Utilisez **déjà** dans vos réponses.

> **modèle**
>
> La Deuxième Guerre mondiale a commencé en 1940?
> *Non, en 1940, elle avait déjà commencé.*

1. _____

2. _____

3. _____

4. _____

5. _____

3 **Le bon ordre** Écoutez les deux phrases, puis indiquez l'ordre logique des deux actions. Ensuite, combinez les deux phrases pour en faire une seule. Utilisez le plus-que-parfait pour l'action la plus éloignée dans le passé.

> **modèle**
>
> a. La loi a été approuvée.
> b. Le député a proposé une loi.
> *b, a*
> *La loi, que le député avait proposée, a été approuvée.*

1. _____
   _____

2. _____
   _____

3. _____
   _____

4. _____
   _____

5. _____
   _____

4.2 Negation and indefinite adjectives and pronouns

1

Au négatif? On parle des élections. Écoutez les commentaires et indiquez si vous entendez une expression négative ou pas.

	oui	non
1.	❍	❍
2.	❍	❍
3.	❍	❍
4.	❍	❍
5.	❍	❍
6.	❍	❍

2

On n'est pas d'accord! Votre ami parle d'un homme politique. Écrivez l'inverse de ce qu'il dit.

1. ______________________
2. ______________________
3. ______________________
4. ______________________
5. ______________________

3

Selon vous, . . . Répondez à chaque question à l'aide des éléments donnés.

modèle

Une grande partie des étudiants ont voté? oui
la plupart
Oui, la plupart des étudiants ont voté.

tous	un autre	plusieurs	tout
quelques-uns	certains	tous les	autres

1. oui
____

2. non
____

3. oui
____

4. non
____

5. oui
____

Lab Manual

4.3 Irregular -ir verbs

1 **Au tribunal** Écoutez l'interview d'une jurée à la sortie du tribunal et entourez tous les verbes irréguliers en **-ir**. Ensuite, écrivez-les sous la forme que vous entendez.

appartenir	devenir	ouvrir	sortir
courir	dormir	partir	souffrir
couvrir	maintenir	revenir	tenir
découvrir	offrir	sentir	venir

1. _____   4. _____   7. _____   10. _____

2. _____   5. _____   8. _____   11. _____

3. _____   6. _____   9. _____   12. _____

2 **Vrai ou faux?** D'après l'interview que vous venez d'écouter, indiquez si les phrases que vous entendez sont **vraies** ou **fausses**. Corrigez les fausses.

1. Vrai   Faux

_____

2. Vrai   Faux

_____

3. Vrai   Faux

_____

4. Vrai   Faux

_____

5. Vrai   Faux

_____

3 **Coupable** Écoutez à nouveau l'interview, puis répondez aux questions par des phrases complètes.

1. _____

2. _____

3. _____

4. _____

5. _____

6. _____

7. _____

8. _____

LITTÉRATURE

1 Écoutez l'extrait et indiquez si ces affirmations sont **vraies** ou **fausses**.

	Vrai	Faux
1. Il y a eu un crime dans le village.	○	○
2. Il y a plusieurs chiens dans le village.	○	○
3. Quelqu'un a enlevé un chien.	○	○
4. Le boucher est probablement le voleur.	○	○
5. Les chiens pensent que le coupable est un autre chien.	○	○

2 Écoutez l'extrait et indiquez si ces affirmations sont **vraies** ou **fausses**.

	Vrai	Faux
1. Il y a deux sortes de chiens dans le village.	○	○
2. Les chiens à collier et les chiens sans collier sont amis.	○	○
3. Les chiens sans collier sont propres.	○	○
4. Les chiens à collier sont gros.	○	○
5. Tout le monde pense que le voleur est un chien à collier.	○	○

3 Écoutez l'extrait et indiquez si ces affirmations sont **vraies** ou **fausses**.

	Vrai	Faux
1. Le boucher a trouvé beaucoup d'indices.	○	○
2. Un petit chien sale arrive dans le village.	○	○
3. Le petit chien est un des chiens à collier.	○	○
4. Le petit chien connaît le coupable.	○	○
5. Tout le monde accuse le petit chien sale.	○	○

4 Écoutez l'extrait et indiquez si ces affirmations sont **vraies** ou **fausses**.

	Vrai	Faux
1. Le boucher attaque le petit chien.	○	○
2. Les autres chiens défendent le petit chien.	○	○
3. Le petit chien est emprisonné.	○	○
4. Le boucher espère que le chien ne recommencera pas.	○	○
5. Les chiens à collier et les chiens sans collier sont traités de la même façon dans ce village.	○	○

Leçon 4 Lab Manual   **123**

Lab Manual

VOCABULAIRE

La justice et la politique

Maintenant, vous allez entendre le vocabulaire qui est dans votre livre, à la fin de la leçon. Écoutez et répétez.

POUR COMMENCER

1 **De quoi parlent-ils?** Écoutez la conversation entre Muriel et Yves, deux étudiants en sociologie à l'Université de Québec, et entourez les sujets mentionnés.

le chaos	une langue officielle	le patrimoine culturel
le courage	le mal du pays	une polémique
la diversité	la mondialisation	le travail manuel
l'instabilité	la natalité	les valeurs

2 **Positif ou négatif?** Une journaliste pose des questions à des jeunes. Indiquez si chaque personne interviewée a une opinion **positive** ou **négative** sur le sujet discuté.

> **modèle**
>
> —À votre avis, la mondialisation est une bonne chose?
> —Pas vraiment. Je pense que les pays riches continuent à s'enrichir et dans les pays pauvres, c'est toujours le chaos.
> positif (négatif)

1. positif   négatif

2. positif   négatif

3. positif   négatif

4. positif   négatif

5. positif   négatif

3 **Intégration** Écoutez Mohammed parler de l'arrivée de sa famille en France. Ensuite, lisez les affirmations et corrigez-les à l'aide de phrases complètes.

1. La langue maternelle des parents de Mohammed est le français.

   _____

2. Le père de Mohammed a trouvé un travail dans une université.

   _____

3. La famille de Mohammed s'est immédiatement enrichie.

   _____

4. Les parents de Mohammed et les Français avaient les mêmes principes.

   _____

5. La famille de Mohammed a tout de suite été acceptée.

   _____

6. Aujourd'hui, les parents de Mohammed se sentent toujours seuls et rejetés.

   _____

Lab Manual

STRUCTURES

5.1 Partitives

1   **Partitif?** Écoutez et indiquez si chaque phrase contient un article partitif ou pas, puis écrivez-le.

1. oui   non   _____
2. oui   non   _____
3. oui   non   _____
4. oui   non   _____
5. oui   non   _____

2   **À l'épicerie** Vous passez un semestre en France et vous faites des courses à l'épicerie. Écoutez les questions de l'épicière et choisissez une quantité logique pour y répondre.

> **modèle**
>
> Vous voulez du lait?
> *Oui, un litre de lait, s'il vous plaît.*

1. _____
2. _____
3. _____
4. _____
5. _____

3   **Un débat** Écoutez les questions posées pendant un débat sur l'immigration, puis répondez par oui ou par non. Chaque mot de la liste ne doit être utilisé qu'une seule fois.

> **modèle**
>
> Est-ce que beaucoup d'émigrés ont des problèmes d'assimilation?
> oui
> *Oui, bien des émigrés ont des problèmes d'assimilation.*

assez	la plupart	quelques
certains	plusieurs	trop

1. non

_____

2. oui

_____

3. oui

_____

4. non

_____

5. oui

Lab Manual

5.2 The pronouns *y* and *en*

1   **Y ou en?** Écoutez les questions et indiquez si on doit employer **y** ou **en** dans la réponse, puis écrivez-la.

	y	en
1.	○	○
2.	○	○
3.	○	○
4.	○	○
5.	○	○

1. Oui, _____.

2. Non, _____.

3. Oui, _____.

4. Oui, _____.

5. Non, _____.

2   **Réponses logiques** Amadou est un jeune immigré sénégalais très timide qui vient juste d'arriver en France. Répondez de façon logique à chaque question. Employez **y** ou **en**.

> **modèle**
> **Amadou veut habiter en France?**
> *Oui, il veut y habiter.*

1. _____

2. _____

3. _____

4. _____

5. _____

3   **À vous!** Maintenant, répondez aux questions qu'on vous pose au sujet de vos idées personnelles et de votre avenir.

> **modèle**
> **Tu penses souvent au but de ta vie?**
> *Oui, j'y pense souvent. / Non, je n'y pense pas souvent.*

1. _____

2. _____

3. _____

4. _____

5. _____

Lab Manual

5.3 Order of pronouns

1 **Faits divers** Écoutez ces personnes qui discutent d'événements divers et classez les pronoms dans l'ordre où vous les entendez dans la deuxième phrase de chaque mini-conversation.

1. y _____   nous _____   en _____

2. en _____   leur _____

3. me _____   lui _____   le _____

4. la _____   nous _____   en _____

2 **Plus concis** Reformulez chaque phrase que vous entendez. Utilisez les pronoms dans le bon ordre.

1. y / le

_____

2. leur / en

_____

3. le / lui

_____

4. lui / le

_____

5. leur / le

_____

3 **Questions** Répondez de façon logique aux questions que vous entendez et remplacez les noms par les pronoms appropriés.

> **modèle**
>
> Les immigrés écrivent souvent des lettres aux membres de leur famille?
> oui
> *Oui, ils leur en écrivent souvent.*

1. oui

_____

2. non

_____

3. oui

_____

4. oui

_____

5. non

_____

Lab Manual

LITTÉRATURE

1 Écoutez l'extrait et indiquez si ces affirmations sont **vraies** ou **fausses**.

	Vrai	Faux
1. Yaba avait beaucoup de courage.	○	○
2. Avant la mort de son mari, Yaba avait vécu dans le luxe.	○	○
3. Yaba n'est jamais parvenue à gagner de l'argent.	○	○
4. Au marché, les femmes vendaient des vêtements.	○	○
5. Yaba se sentait rejetée par les autres femmes.	○	○

2 Écoutez l'extrait et indiquez si ces affirmations sont **vraies** ou **fausses**.

	Vrai	Faux
1. Au début, le marché avait beaucoup de succès.	○	○
2. Yaba a décidé d'aller s'établir dans une grande ville.	○	○
3. Certaines personnes ont commencé à critiquer le marché.	○	○
4. La situation au marché a continué à s'améliorer.	○	○
5. Les vendeuses et les clients ont été victimes d'une agression.	○	○

3 Écoutez l'extrait et indiquez si ces affirmations sont **vraies** ou **fausses**.

	Vrai	Faux
1. On comprenait mal la raison de l'attaque du marché.	○	○
2. Les femmes se sont révoltées.	○	○
3. Les rues du quartier sont devenues très animées.	○	○
4. Yaba a quitté la ville.	○	○
5. Les gens avaient peur de sortir de chez eux.	○	○

4 Écoutez l'extrait et indiquez si ces affirmations sont **vraies** ou **fausses**.

	Vrai	Faux
1. Le niveau d'insécurité a beaucoup baissé dans les rues.	○	○
2. Un jour, les valeurs de Yaba ont changé.	○	○
3. Yaba a refusé d'abandonner son rêve.	○	○
4. Yaba n'a jamais réussi à s'adapter à la situation.	○	○
5. Yaba pense qu'il faut toujours garder espoir.	○	○

Lab Manual

VOCABULAIRE

Crises et horizons

Maintenant, vous allez entendre le vocabulaire qui est dans votre livre, à la fin de la leçon. Écoutez et répétez.

Lab Manual

POUR COMMENCER

Leçon 6

1 **Vrai ou faux?** Écoutez les affirmations au sujet de la famille Durand/Desmoulins et indiquez si elles sont vraies (**V**) ou fausses (**F**).

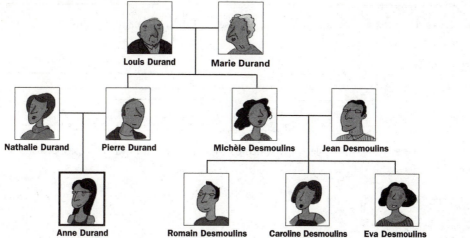

1. _____

2. _____

3. _____

4. _____

5. _____

6. _____

2 **C'est logique?** Écoutez chaque scénario et dites si la réaction est **logique** ou **illogique**. Corrigez les phrases illogiques.

> **modèle**
>
> Les enfants des Martin sont mal élevés. Leur mère les remercie souvent.
> logique / illogique
> *Elle les punit souvent.*

1. logique / illogique

_____

2. logique / illogique

_____

3. logique / illogique

_____

4. logique / illogique

_____

3 **Souvenirs** Sabine et Martin parlent de leur jeunesse. Écoutez la conversation, puis répondez aux questions.

1. Quels rapports Martin avait-il avec ses parents?

_____

2. Comment était Martin quand il était enfant?

_____

3. Est-ce que Sabine était une enfant facile?

_____

4. Comment sont les rapports de Sabine avec ses parents aujourd'hui?

_____

5. Comment Sabine élève-t-elle sa fille?

_____

Lab Manual

STRUCTURES

6.1 The subjunctive: impersonal expressions; will, opinion, and emotion

1 **Chez les Dumas** Écoutez Madame Dumas parler à ses enfants. Notez les verbes au subjonctif, puis donnez leur infinitif.

1. _____ _____   4. _____ _____

2. _____ _____   5. _____ _____

3. _____ _____   6. _____ _____

2 **Souhaits et opinions** Reformulez les phrases que vous entendez à l'aide des expressions données et du subjonctif.

> **modèle**
>
> J'espère qu'il va pleuvoir.
> il est indispensable
> *Il est indispensable qu'il pleuve.*

1. je ne pense pas

_____

2. il faut

_____

3. il est bon

_____

4. il vaut mieux

_____

5. je souhaite

_____

6. je veux

_____

3 **Réactions** Vous discutez avec des amis. Réagissez à ce qu'ils vous disent. Employez une expression appropriée et le subjonctif.

> **modèle**
>
> Mon grand-père est mort la semaine dernière.
> *Je suis désolé(e) que ton grand-père soit mort.*

1. Je regrette _____.

2. Je suis content(e) _____.

3. Il n'est pas normal _____.

4. Il est dommage _____.

5. Ce n'est pas possible _____.

Lab Manual

6.2 Demonstrative pronouns

1 **C'est qui?** Une amie vous décrit les membres de sa famille. Indiquez de qui elle parle.

1. _____
   a. sa cousine Nicole   b. son frère   c. ses parents

2. _____
   a. sa mère   b. son frère   c. ses tantes

3. _____
   a. ses tantes   b. sa mère   c. ses neveux

4. _____
   a. sa cousine Claire   b. ses sœurs   c. son oncle et sa tante

5. _____
   a. son oncle   b. sa demi-sœur   c. ses cousins

6. _____
   a. son frère et sa belle-sœur b. son frère   c. sa mère

2 **Préférences** Utilisez des pronoms démonstratifs pour répondre aux questions.

> **modèle**
>
> Quels hypermarchés préférez-vous?
> on vend des produits biologiques / on ne vend pas de produits biologiques
> *Je préfère ceux où on vend des produits biologiques.*

1. sont bons pour la santé / sont faciles à préparer

   _____

2. restent ouvertes tard / ont de bons prix

   _____

3. est strict / est sympathique

   _____

4. est grande et animée / est petite et calme

   _____

5. où il fait chaud / où il y a des monuments historiques

   _____

3 **Vos définitions** Donnez une définition de ces personnes et employez un pronom démonstratif.

> **modèle**
>
> un enfant bien élevé
> *Un enfant bien élevé, c'est celui qui respecte ses parents.*

1. _____
2. _____
3. _____
4. _____
5. _____

Lab Manual

6.3 Irregular -re verbs

1 Une famille unie Écoutez Théodore qui vous explique pourquoi les membres de sa famille s'entendent bien et entourez les infinitifs des verbes en –re. Ensuite, écrivez-les sous la forme que vous entendez.

| se comprendre | dire | mettre | prendre |
| croire | s'entendre | se plaindre | rire |

1. _____ 4. _____ 7. _____
2. _____ 5. _____ 8. _____
3. _____ 6. _____ 9. _____

2 Mais non, tu te trompes! Vos amis comprennent tout de travers. Corrigez ce qu'ils disent à l'aide des mots donnés.

modèle
Ton ami et toi, vous conduisez une voiture beige?
nous / une voiture bleue
Mais non, nous conduisons une voiture bleue.

1. je / l'italien

2. tu / ma grand-mère paternelle

3. je / à la fromagerie

4. nous / des magazines

5. il / un cours de maths

6. ma mère / des e-mails

3 À l'université Une journaliste veut vous interviewer au sujet de votre expérience à l'université. Répondez à ses questions. Utilisez des pronoms.

1. _____
2. _____
3. _____
4. _____
5. _____

LITTÉRATURE

1 Écoutez l'extrait et indiquez si ces affirmations sont **vraies** ou **fausses**.

	Vrai	Faux
1. On parle d'une naissance.	○	○
2. Le père est présent.	○	○
3. On parle de la mort.	○	○
4. L'enfant est une fille.	○	○
5. La mère est bonne.	○	○

2 Écoutez l'extrait et indiquez si ces affirmations sont **vraies** ou **fausses**.

	Vrai	Faux
1. Le père travaille très dur.	○	○
2. La mère s'occupe de l'enfant.	○	○
3. Le père est très exigeant.	○	○
4. L'enfant est malheureux.	○	○
5. Les parents et l'enfant sont unis.	○	○

3 Écoutez l'extrait et indiquez si ces affirmations sont **vraies** ou **fausses**.

	Vrai	Faux
1. L'enfant respecte ses parents.	○	○
2. Les parents sont impatients.	○	○
3. Le père montre son autorité calmement.	○	○
4. L'enfant grandit.	○	○
5. Les relations entre les parents et l'enfant ne sont plus bonnes.	○	○

4 Écoutez l'extrait et indiquez si ces affirmations sont **vraies** ou **fausses**.

	Vrai	Faux
1. L'enfant a atteint l'âge adulte.	○	○
2. On parle de la vieillesse.	○	○
3. L'enfant est parti.	○	○
4. On parle de la mort des parents.	○	○
5. Quelqu'un a pleuré.	○	○

Lab Manual

VOCABULAIRE

En famille

Maintenant, vous allez entendre le vocabulaire qui est dans votre livre, à la fin de la leçon. Écoutez et répétez.

POUR COMMENCER

Leçon 7

1 **De quoi parle-t-on?** Écoutez les mini-conversations et indiquez si on parle a) de l'informatique, b) des sciences médicales ou c) de l'astronomie.

1. _____

2. _____

3. _____

4. _____

5. _____

6. _____

2 **Réponses logiques** Écoutez ces personnes. Pour chaque question ou commentaire, donnez la réponse la plus logique.

_____ 1. a. Tu peux utiliser un moteur de recherche.
b. Il faut regarder dans le télescope.
c. Utilise le correcteur orthographique.

_____ 2. a. C'est une théorie très innovante.
b. Tu devrais demander un brevet d'invention.
c. Alors, tu as besoin d'une puce électronique.

_____ 3. a. Ah oui? Il est ingénieur?
b. Il est biologiste, alors.
c. C'est un célèbre astronome.

_____ 4. a. Elle doit se soigner.
b. Oui, on voit qu'elles sont de la même famille!
c. C'est la gravité.

_____ 5. a. On peut trouver tout ce qu'on veut dans le cyberespace.
b. On a fait une découverte capitale.
c. Ça doit être super d'explorer l'espace!

3 **Deux scientifiques** Djamel et Susie parlent de leurs études. Écoutez la conversation, puis corrigez les phrases qui suivent.

1. _____

2. _____

3. _____

4. _____

5. _____

Lab Manual

STRUCTURES

7.1 The comparative and superlative of adjectives and adverbs

1 **Au magasin d'électronique** Cédric et Pierre sont dans un magasin d'électronique. Ils comparent deux ordinateurs. Écoutez ce qu'ils disent et utilisez +, − ou = pour définir les caractéristiques des deux ordinateurs.

> **modèle**
> Le portable est beaucoup moins gros que l'ordinateur noir.
> gros
> *l'ordinateur noir: +; le portable: −*

	l'ordinateur noir	le portable			l'ordinateur noir	le portable
1. petit	_____	_____	4. bon		_____	_____
2. pratique	_____	_____	5. cher		_____	_____
3. moderne	_____	_____	6. rapide		_____	_____

2 **Rien ne va** Vous êtes de très mauvaise humeur aujourd'hui et tout vous semble pire que d'habitude. Reformulez chaque phrase et utilisez **le/la/les plus** ou **le/la/les moins**, selon le sens de l'adjectif donné.

> **modèle**
> Ce film est bête.
> de l'année
> *C'est le film le plus bête de l'année!*

1. du monde

_____

2. que j'aie jamais vus

_____

3. de tous

_____

4. de la fac

_____

5. du magasin

_____

6. de l'année

_____

3 **Au superlatif** Nathaniel parle des étudiants et de la prof d'informatique. Utilisez le superlatif avec des adverbes pour lui répondre.

> **modèle**
> Carole étudie beaucoup. Elle est sérieuse, n'est-ce pas?
> *Oui, c'est elle qui étudie le plus sérieusement.*

1. _____
2. _____
3. _____
4. _____
5. _____
6. _____

Lab Manual

7.2 The *futur simple*

1 **Après mes études** Écoutez Stéphanie qui parle de ce qu'elle fera après ses études. Entourez les formes verbales au futur et donnez leur infinitif.

achètera	aurons	finira	penseront	travaillerons
aura	chercherai	habiteront	prendra	trouverons
aurai	ferai	nous marierons	pourrai	voudra

1. _____   5. _____

2. _____   6. _____

3. _____   7. _____

4. _____   8. _____

2 **Dans 50 ans...** Imaginez la vie dans 50 ans et répondez au futur aux questions posées.

> **modèle**
>
> Aujourd'hui, on peut guérir toutes les maladies?
> *Non, mais dans 50 ans, on pourra peut-être les guérir.*

1. _____

2. _____

3. _____

4. _____

5. _____

6. _____

3 **Questions personnelles** Et vous, comment voyez-vous votre avenir? Répondez aux questions par des phrases complètes au futur.

1. _____

2. _____

3. _____

4. _____

5. _____

6. _____

Lab Manual

7.3 The subjunctive with expressions of doubt and conjunctions; the past subjunctive

1 **Prédictions** Un astrologue fait des prédictions pour les dix prochaines années. Notez les six formes verbales qui sont au subjonctif.

1. _____   4. _____

2. _____   5. _____

3. _____   6. _____

2 **Un garçon pessimiste** Lise et Julien sont en train de travailler. Lise est optimiste et Julien est très pessimiste. Écoutez ce que dit Lise, puis donnez les réponses de Julien. Utilisez le subjonctif et des pronoms.

> *modèle*
>
> Cet ordinateur est très rapide.
> Je ne suis pas sûr *que cet ordinateur soit très rapide.*

1. Il n'est pas évident _____

2. Il est douteux _____

3. Je ne crois pas _____

4. Je ne suis pas sûr _____

5. Il est peu probable _____

6. Il est impossible _____

3 **De bonnes raisons?** Plusieurs amis devaient se retrouver pour aller à une conférence ce matin, mais personne n'est venu. Utilisez le subjonctif passé et des expressions de doute de votre choix pour expliquer pourquoi.

> *modèle*
>
> Paul a oublié la conférence.
> Il est possible qu'il *ait oublié la conférence.*

1. Il se peut qu'ils _____.

2. Il est possible qu'elle _____.

3. Il semble que vous _____.

4. Il semble qu'il _____.

Lab Manual — sidebar

LITTÉRATURE

1 Écoutez l'extrait et indiquez si ces affirmations sont **vraies** ou **fausses**.

	Vrai	Faux
1. Martine a offert un cadeau à son mari.	○	○
2. Le mari de Martine n'aime pas aller au stade.	○	○
3. Le sport préféré du mari de Martine, c'est le foot.	○	○
4. Avec ce cadeau, Martine espère que son mari voudra sortir plus souvent.	○	○
5. Le cadeau de Martine inclut une parabole pour la télé.	○	○

2 Écoutez l'extrait et indiquez si ces affirmations sont **vraies** ou **fausses**.

	Vrai	Faux
1. Ils ont vite installé la parabole.	○	○
2. La parabole peut capter deux satellites différents.	○	○
3. Régis ne comprend pas comment installer la parabole.	○	○
4. Martine comprend tout sur le numérique.	○	○
5. La vie de couple de Martine et Régis est pleine de passion.	○	○

3 Écoutez l'extrait et indiquez si ces affirmations sont **vraies** ou **fausses**.

	Vrai	Faux
1. Un an plus tard, Martine a acheté une autre parabole.	○	○
2. La nouvelle parabole est encore plus performante que l'autre.	○	○
3. Régis peut regarder des émissions du monde entier.	○	○
4. Les abonnements pour les paraboles ne sont pas chers.	○	○
5. Régis continue d'acheter du matériel pour sa télé.	○	○

4 Écoutez l'extrait et indiquez si ces affirmations sont **vraies** ou **fausses**.

	Vrai	Faux
1. Martine et Régis communiquent très bien.	○	○
2. Ils prennent le repas du soir ensemble.	○	○
3. Martine décide de monter sur le toit de la maison.	○	○
4. Martine installe une troisième parabole sur le toit.	○	○
5. Martine met tout le matériel télé à la poubelle.	○	○

Lab Manual

Le progrès et la recherche

Maintenant, vous allez entendre le vocabulaire qui est dans votre livre, à la fin de la leçon. Écoutez et répétez.

POUR COMMENCER   **Leçon 8**

1 **Où sont-ils?** Écoutez les mini-conversations et indiquez où sont ces personnes.

1. _____   a. à un spectacle musical

2. _____   b. à un vernissage

3. _____   c. dans un magasin

4. _____   d. dans un club sportif

5. _____   e. à la maison

2 **Des projets** Marie et Pierre essaient de décider ce qu'ils vont faire samedi soir. Écoutez leur conversation, puis répondez aux questions par des phrases complètes.

1. Qu'est-ce que Marie et Pierre veulent fêter?

_____

2. Que vont-ils faire samedi soir?

_____

3. Où vont-ils d'abord aller samedi soir?

_____

4. Qu'est-ce que Pierre propose de faire samedi après-midi?

_____

5. Et Marie, où préfère-t-elle aller samedi après-midi?

_____

6. Est-ce que leurs amis Nathalie et Hector vont pouvoir venir? Pourquoi?

_____

3 **Questions personnelles** Répondez aux questions par des phrases complètes.

1. _____

_____

2. _____

_____

3. _____

_____

4. _____

_____

5. _____

Lab Manual

Leçon 8 Lab Manual   **143**

STRUCTURES

8.1 Infinitives

1 **Sports et loisirs** Notez le verbe utilisé à l'infinitif dans chaque phrase.

1. _____ 4. _____

2. _____ 5. _____

3. _____ 6. _____

2 **Questions** Utilisez les mots donnés et un verbe à l'infinitif pour répondre aux questions que des amis vous posent. Attention à l'emploi des prépositions!

> **modèle**
>
> Ce film est émouvant, à ton avis?
> il / sembler
> *Oui, il semble être émouvant.*

1. il / désirer

_____

2. je / penser

_____

3. elle / me conseiller

_____

4. nous / détester

_____

5. il / falloir

_____

3 **Dans le bon ordre** Écoutez les phrases groupées deux par deux. Ensuite, créez une seule phrase à l'aide d'un infinitif passé. Faites attention à l'ordre des phrases!

> **modèle**
>
> Les spectateurs ont acheté leurs billets. Les spectateurs ont fait la queue pendant une heure.
> *Après avoir fait la queue pendant une heure, les spectateurs ont acheté leurs billets.*

1. _____

2. _____

3. _____

4. _____

5. _____

6. _____

Lab Manual

8.2 Prepositions with geographical names

1 **Le voyage de Djamila** Écoutez Djamila raconter son voyage. D'abord, entourez les endroits qu'elle mentionne. Ensuite, ajoutez les articles et/ou prépositions que Djamila utilise devant le nom de chaque endroit.

_____ Afrique du Nord   _____ Djerba   _____ Normandie
_____ Algérie   _____ France   _____ Paris
_____ Amérique   _____ l'île Maurice   _____ Pays-Bas
_____ Asie   _____ La Rochelle   _____ Sénégal
_____ Australie   _____ Le Havre   _____ Sydney
_____ Casablanca   _____ Madagascar   _____ Tunis
_____ Dakar   _____ Maroc   _____ Tunisie

2 **Petit test de géographie** Choisissez parmi les lieux proposés pour répondre aux questions par des phrases complètes.

modèle
Noémie visite le Louvre. Où est-elle ?
Elle est en France.

Afrique	Californie	France	Maroc
Algérie	Chine	Haïti	Mexico
Asie	Côte d'Ivoire	Le Caire	Mexique
Australie	États-Unis	Louisiane	Pays-Bas

1. _____   5. _____
2. _____   6. _____
3. _____   7. _____
4. _____   8. _____

3 **À l'agence de voyages** Imaginez que vous travailliez dans une agence de voyages. Écoutez vos clients et faites-leur des suggestions logiques.

modèle
Bonjour, j'ai envie de passer mes vacances à la mer.
Fort-de-France, Martinique / Trois-Rivières, Québec
Allez à Fort-de-France, à la Martinique.

1. Bruxelles, Belgique / Marseille, France

2. Villars, Suisse / Rabat, Maroc

3. La Nouvelle-Orléans, Louisiane / Tunis, Tunisie

4. Tulum, Mexique / Arizona, États-Unis

5. Québec, Canada / Texas, États-Unis

6. Antananarivo, Madagascar / Californie, États-Unis

Lab Manual

8.3 The *conditionnel*

1   **Divertissements** Notez les six formes verbales au conditionnel, puis donnez leur infinitif.

1. _____
2. _____
3. _____
4. _____
5. _____
6. _____

2   **Situations** Expliquez ce que ces personnes feraient et ne feraient pas. Utilisez le conditionnel.

> **modèle**
>
> Si Corinne avait un examen important demain, ...
> étudier / sortir avec des copains
> *Elle étudierait. Elle ne sortirait pas avec des copains.*

1. faire du saut à l'élastique / aller voir une comédie plutôt qu'un film d'horreur

_____

2. être content / célébrer la fin des examens au restaurant

_____

3. jouer aux boules au parc / rester à la maison

_____

4. finir votre travail / faire les magasins en ville

_____

5. les féliciter / ne jamais donner de mauvaises notes

_____

6. partir en vacances dans le Colorado / voyager en Grèce

_____

3   **Et si...** Répondez aux questions de façon logique. Utilisez le conditionnel et des verbes variés.

> **modèle**
>
> Que feraient les supporters si l'équipe de l'université gagnait le match?
> *Ils célébreraient la victoire.*

1. _____
2. _____
3. _____
4. _____
5. _____

Lab Manual

LITTÉRATURE

1 Écoutez l'extrait et indiquez si ces affirmations sont **vraies** ou **fausses**.

	Vrai	Faux
1. Alceste veut aller au club sportif avec ses amis.	○	○
2. Alceste a un nouveau ballon de foot.	○	○
3. Alceste voulait être l'arbitre.	○	○
4. Agnan marque beaucoup de buts.	○	○
5. Les garçons ont décidé que Maixent sifflerait pour Agnan.	○	○

2 Écoutez l'extrait et indiquez si ces affirmations sont **vraies** ou **fausses**.

	Vrai	Faux
1. Les garçons ont commencé à jouer.	○	○
2. Alceste ne va pas laisser les joueurs marquer des buts facilement.	○	○
3. Geoffroy voulait être capitaine parce qu'il avait de beaux vêtements.	○	○
4. La chemise de Geoffroy était verte.	○	○
5. Eudes a fait mal à Geoffroy.	○	○

3 Écoutez l'extrait et indiquez si ces affirmations sont **vraies** ou **fausses**.

	Vrai	Faux
1. Il y avait deux capitaines.	○	○
2. Tout le monde avait peur d'Eudes.	○	○
3. Geoffroy a été désigné comme gardien de but.	○	○
4. Alceste mangeait assis.	○	○
5. Tous les joueurs se sont mis d'accord.	○	○

4 Écoutez l'extrait et indiquez si ces affirmations sont **vraies** ou **fausses**.

	Vrai	Faux
1. Rufus a sifflé pour indiquer le début du match.	○	○
2. Agnan a hurlé qu'il était l'arbitre.	○	○
3. Eudes a marqué un but.	○	○
4. L'équipe d'Alceste a égalisé juste avant la mi-temps.	○	○
5. Alceste avait oublié d'apporter son ballon.	○	○

Lab Manual

VOCABULAIRE

Les passe-temps

Maintenant, vous allez entendre le vocabulaire qui est dans votre livre, à la fin de la leçon. Écoutez et répétez.

Lab Manual

POUR COMMENCER

Leçon 9

1 **Quelle profession?** On va vous décrire ce que font plusieurs personnes dans la vie. Associez chacune à la profession qui lui correspond.

1. _____   a. un(e) comptable

2. _____   b. un homme d'affaires/une femme d'affaires

3. _____   c. un chômeur/une chômeuse

4. _____   d. un vendeur/une vendeuse

5. _____   e. un(e) gérant(e)

2 **Que vont-ils faire?** Écoutez les commentaires, puis dites ce que chaque personne va probablement faire. Choisissez parmi les mots et les expressions de la liste.

modèle

Yves déteste son travail. Il gagne seulement le salaire minimum et le temps de travail est horrible. Il est toujours épuisé et il n'arrive jamais à économiser. Bref, il en a vraiment marre.
Il va probablement démissionner.

démissionner
déposer l'argent sur un compte d'épargne
embaucher des employés
faire faillite

gagner sa vie
licencier des employés
poser sa candidature à ce poste
prêter

1. _____
2. _____
3. _____
4. _____
5. _____

3 **Chez le conseiller** Vous allez voir un conseiller pour qu'il vous aide à trouver la profession idéale. Répondez à ses questions avec autant de détails que possible.

1. _____
2. _____
3. _____
4. _____
5. _____

Lab Manual

STRUCTURES

9.1 Relative pronouns

1 **Travail et argent** Notez le pronom relatif que vous entendez dans chaque phrase.

1. _____   4. _____

2. _____   5. _____

3. _____   6. _____

2 **Un nouveau poste** Une amie vous parle d'un travail qu'elle vient d'obtenir. Pour avoir plus de détails, posez-lui une question à l'aide des pronoms relatifs donnés.

> **modèle**
>
> Il est gérant.
> qui / parler
> *De qui parles-tu?*

1. dont / parler hier

_____

2. lequel / travailler

_____

3. lequel / se trouver

_____

4. lequel / voyager

_____

5. lequel / rendre visite

_____

3 **Une offre d'emploi** Un ami qui travaille dans une multinationale doit embaucher un cadre qui parle français. Aidez-le à préparer l'annonce. Reliez les phrases par des pronoms relatifs.

> **modèle**
>
> Notre entreprise cherche un cadre. Il faut que ce cadre parle français.
> *Notre entreprise cherche un cadre qui parle français.*

1. _____

2. _____

3. _____

4. _____

5. _____

9.2 The present participle

1 **Un nouveau travail** Écoutez Emmanuel parler de son nouveau travail et entourez les participes présents qu'il utilise. Attention au genre et au nombre!

allant	finissant	représentants
amusante	gérant	sachant
ayant	gérants	stressant
cherchant	intéressant	stressante
commençant	intéressants	suivante
étant	représentant	travaillant

2 **Une rencontre** Votre amie Karine voudrait savoir comment vous avez rencontré un de vos amis français. Répondez à ses questions de façon logique en mettant les verbes de la liste au participe présent.

> **modèle**
> Comment a-t-il appris l'anglais? (lire beaucoup)
> *Il l'a appris en lisant beaucoup.*

amuser   écouter   intéresser   parler   partir

1. _____

2. _____

3. _____

4. _____

5. _____

3 **À l'entreprise** Les employés de l'entreprise Petit font tous deux choses en même temps. Expliquez ce qu'ils font en utilisant des participes présents.

> **modèle**
> La comptable investit de l'argent en bourse. Elle prépare le budget.
> *La comptable investit de l'argent en bourse tout en préparant le budget.*

1. _____

2. _____

3. _____

4. _____

5. _____

6. _____

Lab Manual

9.3 Irregular *-oir* verbs

1 **La réunion du personnel** Écoutez ces commentaires faits pendant une réunion du personnel et notez les verbes irréguliers en **-oir** que vous entendez. Puis, donnez leur infinitif.

1. _____ _____   4. _____ _____

2. _____ _____   5. _____ _____

3. _____ _____   6. _____ _____

2 **Au grand magasin** En utilisant les éléments donnés, corrigez ce que dit Joséphine au sujet des employés de l'endroit où elle travaille.

> **modèle**
> Qui sait parler russe?
> moi
> *Moi, je sais parler russe.*

1. Juliette

_____

2. la gérante

_____

3. nous

_____

4. les gérants

_____

5. mes copines

_____

3 **Équivalences** Écoutez chaque question et répondez-y affirmativement en utilisant le verbe de la liste correspondant.

> **modèle**
> Il y a eu beaucoup de pluie hier?
> *Oui, il a beaucoup plu.*

apercevoir	percevoir	recevoir
s'asseoir	pleuvoir	savoir
devoir	pouvoir	valoir

1. _____

2. _____

3. _____

4. _____

5. _____

Lab Manual

LITTÉRATURE

1 Écoutez l'extrait et indiquez si ces affirmations sont **vraies** ou **fausses**.

	Vrai	Faux
1. Le père veut que son fils exerce une profession libérale.	○	○
2. Le fils est sous l'influence de son père.	○	○
3. Le fils décide de solliciter un emploi dans un journal.	○	○
4. Le père dit que les femmes de patrons sont bénévoles.		
5. Selon le père, quand on a une profession libérale, le temps de travail est assez flexible.	○	○

2 Écoutez l'extrait et indiquez si ces affirmations sont **vraies** ou **fausses**.

	Vrai	Faux
1. Le fils est comptable pour un journal.	○	○
2. Il apprécie le contact avec ses collègues.	○	○
3. Il travaille dans un bureau.	○	○
4. Il travaille la nuit.	○	○
5. Il s'est acheté une mobylette pour aller travailler.	○	○

3 Écoutez l'extrait et indiquez si ces affirmations sont **vraies** ou **fausses**.

	Vrai	Faux
1. Le fils doit préparer le budget du journal.	○	○
2. Il dépose des journaux dans des boîtes ou dans des tubes.	○	○
3. Le journal a deux suppléments par semaine.	○	○
4. Le lundi, il distribue le supplément télé.	○	○
5. Le fils pense que son travail exige de l'initiative.	○	○

4 Écoutez l'extrait et indiquez si ces affirmations sont **vraies** ou **fausses**.

	Vrai	Faux
1. Au journal, il y a souvent des réunions auxquelles tous les employés doivent aller.	○	○
2. Les employés du journal ont un excellent syndicat.	○	○
3. Il est facile de demander une augmentation de salaire.	○	○
4. Le fils a un patron très sympathique.	○	○
5. La femme de son patron travaille aussi au journal.	○	○

Lab Manual

VOCABULAIRE

Le travail et les finances

Maintenant, vous allez entendre le vocabulaire qui est dans votre livre, à la fin de la leçon. Écoutez et répétez.

POUR COMMENCER

Leçon 10

1 **Une conférence** Annabelle et Samir sont à une conférence sur la protection de l'environnement. Écoutez-les discuter du programme et mettez un X devant les thèmes dont on va parler.

_____ 1. la forêt tropicale

_____ 2. les ouragans

_____ 3. les tremblements de terre

_____ 4. le gaspillage des ressources

_____ 5. la déforestation

_____ 6. la couche d'ozone

_____ 7. les animaux en voie d'extinction

_____ 8. le réchauffement de la planète

_____ 9. les incendies

_____ 10. les déchets toxiques

_____ 11. les énergies renouvelables

_____ 12. la sécheresse

2 **Questions et réponses** Annabelle et Samir viennent d'assister à une table ronde très intéressante. Maintenant, ils ont l'occasion de poser des questions. Choisissez la réponse la plus logique.

_____ 1. a. Bien sûr, le gaspillage empire tous les jours.
   b. Oui, les déchets toxiques contaminent l'eau et les poissons sont infectés.
   c. Il faut absolument prévenir les nuages de pollution.

_____ 2. a. Il y a plus d'espèces en voie d'extinction.
   b. Oui, l'érosion de la couche d'ozone, par exemple.
   c. Eh bien, il y a plus d'ouragans, aujourd'hui.

_____ 3. a. Euh... Il y a les tigres, en Asie, et les lions, en Afrique.
   b. Les récifs de corail dans la mer.
   c. La déforestation est un problème très grave, à mon avis.

_____ 4. a. Eh bien, oui, ils préservent la couche d'ozone.
   b. Non, ce ne sont pas des sources d'énergie renouvelable.
   c. Non, malheureusement, ils ne sont pas potables.

_____ 5. a. La déforestation.
   b. Les ours.
   c. Le soleil.

3 **À vous** Imaginez que vous soyez allé(e) à la conférence avec Annabelle et Samir. À la sortie, un journaliste vous pose des questions. Répondez-lui par des phrases complètes.

1. _____

2. _____
   _____

3. _____
   _____

4. _____

Lab Manual

STRUCTURES

10.1 *Si* clauses

1 **Notre environnement** Identifiez les deux temps ou modes utilisés dans chaque phrase. Mettez un X dans les cases appropriées.

	subordinate clause			main clause				
	présent	imparfait	plus-que-parfait	présent	futur proche	futur simple	conditionnel	impératif
1								
2								
3								
4								
5								
6								

2 **Avec des si...** Utilisez les éléments donnés et un temps ou un mode approprié pour terminer les débuts de phrases.

> **modèle**
>
> Si on continue à le chasser,...
> l'ours brun / devenir une espèce menacée
> *Si on continue à le chasser, l'ours brun deviendra / va devenir une espèce menacée.*

1. je / en donner à une association pour la protection des animaux

   _____

2. on / pouvoir habiter sur la Lune

   _____

3. tu / ne pas oublier de nous téléphoner vendredi

   _____

4. les guides / se fâcher

   _____

5. nous / ne pas être malades ce matin

   _____

6. vous / essayer de respirer plus lentement

   _____

3 **Et vous?** Répondez aux questions. Attention au choix des temps et des modes.

1. _____
2. _____
3. _____
4. _____

Lab Manual

10.2 The future perfect

1 **Dans quel ordre?** Pour chaque phrase, indiquez quelle action va se passer en premier.

> **modèle**
> Quand il arrivera à Sydney, il sera déjà allé voir les récifs de corail.
> *2, 1*

1. _____   4. _____

2. _____   5. _____

3. _____

2 **Quel optimisme!** Sébastien, qui étudie les sciences, et sa cousine Géraldine parlent de l'avenir. Sébastien est très optimiste et il pense que d'ici 2020, on aura résolu tous les problèmes de l'environnement. Répondez à sa place en utilisant le futur antérieur.

> **modèle**
> Peut-être qu'en 2020, on trouvera une solution au réchauffement de la planète.
> À mon avis, en 2020, *on aura déjà trouvé une solution au réchauffement de la planète.*

1. À mon avis, en 2020, _____

_____

2. À mon avis, en 2020, _____

_____

3. À mon avis, en 2020, _____

_____

4. À mon avis, en 2020, _____

_____

5. À mon avis, en 2020, _____

_____

6. À mon avis, en 2020, _____

_____

3 **Chronologie** Écoutez les phrases groupées par deux. Puis combinez-les pour faire une seule phrase. Utilisez une conjonction (**quand, dès que, aussitôt que, après que, lorsque, tant que, une fois que**) et le futur antérieur. Soyez logique!

> **modèle**
> Nous rentrons chez nous. L'ouragan est passé.
> *Aussitôt que l'ouragan sera passé, nous rentrerons chez nous.*

1. _____

2. _____

3. _____

4. _____

5. _____

Lab Manual

10.3 The past conditional

1   **Les ressources naturelles** Écoutez chaque commentaire et indiquez si vous entendez un verbe au conditionnel passé ou pas.

	oui	non
1.	○	○
2.	○	○
3.	○	○
4.	○	○
5.	○	○
6.	○	○

2   **Des reproches** Certaines personnes ne se sentent pas très concernées par les problèmes de l'environnement et ne font aucun effort pour le protéger. Écoutez, puis faites des reproches en utilisant le conditionnel passé et les éléments donnés.

> **modèle**
>
> J'ai acheté une grosse voiture.
> tu / pouvoir
> *Tu aurais pu choisir une voiture plus économique!*

1. ils / devoir

_____

2. il / mieux falloir

_____

3. vous / pouvoir / un seul bain

_____

4. il / mieux valoir / safari

_____

5. tu / devoir

_____

3   **Hypothèses** Imaginez ce qui se serait passé si ces événements n'étaient pas arrivés. Complétez les phrases pour exprimer votre opinion. Utilisez le conditionnel passé.

> **modèle**
>
> S'il n'y avait pas eu de tremblement de terre l'année dernière, …
> *…des personnes n'auraient pas perdu leur maison.*

1. _____

2. _____

3. _____

4. _____

5. _____

Lab Manual (side tab)

LITTÉRATURE

1 Écoutez l'extrait et indiquez si ces affirmations sont **vraies** ou **fausses**.

	Vrai	Faux
1. Le poète parle à un baobab.	○	○
2. Un baobab est une sorte de singe.	○	○
3. Les ancêtres du poète ont planté des baobabs.	○	○
4. Le poète menace le baobab.	○	○
5. Le poète retrouve le bien-être quand il est près du baobab.	○	○

2 Écoutez l'extrait et indiquez si ces affirmations sont **vraies** ou **fausses**.

	Vrai	Faux
1. Le poète craint que le baobab disparaisse à cause de la déforestation.	○	○
2. Il pense que le baobab est fragile.	○	○
3. Le monde croit que la valeur des hommes se voit à leurs armes.	○	○
4. La guerre est un danger partout dans le monde.	○	○
5. Le poète demande au baobab de lui donner des forces.	○	○

3 Écoutez l'extrait et indiquez si ces affirmations sont **vraies** ou **fausses**.

	Vrai	Faux
1. Le poète parle de l'avenir.	○	○
2. Il a une vision très optimiste du monde.	○	○
3. La présence du baobab nuit au poète.	○	○
4. Les hommes ont épuisé toutes leurs ressources.	○	○
5. Pour survivre, le poète doit chasser des oiseaux.	○	○

4 Écoutez l'extrait et indiquez si ces affirmations sont **vraies** ou **fausses**.

	Vrai	Faux
1. Le poète ne parle plus au baobab.	○	○
2. Il y a eu un gros tremblement de terre.	○	○
3. La terre qui est près du baobab est toxique.	○	○
4. La terre au pied du baobab est importante pour le poète.	○	○
5. Le poète veut finir sa vie près du baobab.	○	○

Lab Manual

VOCABULAIRE

Notre monde

Maintenant, vous allez entendre le vocabulaire qui est dans votre livre, à la fin de la leçon. Écoutez et répétez.

VIDEO ACTIVITIES

Leçon 1

Que se passe-t-il après? Le facteur ne s'est arrêté chez personne. Que se disent Pierrette et Blanche? Imaginez leur dialogue et écrivez cinq ou six lignes. Utilisez le vocabulaire et les structures de la leçon.

_____

_____

_____

_____

_____

_____

_____

Leçon 2

La manche dans le métro Si vous n'avez jamais pris le métro à Lyon ou à Paris, vous avez peut-être pris le métro dans une grande ville américaine. En cinq ou six lignes, racontez une scène vécue ou imaginée où vous voyez quelqu'un faire la manche.

_____

_____

_____

_____

_____

_____

_____

Leçon 3

Après l'audition Le réalisateur a offert le role à Émilie, qui annonce la nouvelle à sa meilleure amie, Nicole, par e-mail. Mettez-vous à la place d'Émilie et rédigez son e-mail, en cinq ou six lignes.

_____

_____

_____

_____

_____

_____

_____

Video Activities

Leçon 4

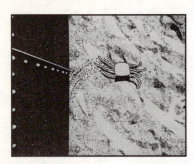

Incroyable mais vrai Avez-vous déjà vécu une situation où, comme le crabe narrateur du film, vous avez fait quelque chose dont vous ne vous sentiez pas capable? En cinq ou six lignes, racontez ou imaginez une telle expérience. Servez-vous du passé composé et de l'imparfait.

_____

_____

_____

_____

_____

_____

Leçon 5

Adoption Pensez-vous que le commissaire serait prêt à adopter un enfant d'un autre pays? Imaginez que oui et ce que dit le commissaire à sa femme pour la convaincre, en cinq ou six lignes.

_____

_____

_____

_____

_____

_____

Leçon 6

Un week-end mémorable Samir parle à Julie, sa petite amie, du week-end qu'il vient de passer avec sa famille. Écrivez sa description en cinq ou six lignes, à l'aide de la photo. Aidez-vous de ces questions: Samir était-il heureux de revoir sa famille et ses amis? Se sentait-il différent d'eux? Reviendra-t-il les voir bientôt? Cette visite l'a-t-il changé? Qu'a-t-il ressenti quand son père l'a rasé? Utilisez le plus possible les structures de la leçon.

_____

_____

_____

_____

_____

_____

Video Activities

Leçon 7

La conquête de l'espace Écrivez deux phrases en réponse à chaque questsion. Utilisez le plus possible le nouveau vocabulaire et les nouvelles structures.

1. Que pensez-vous de la conquête de l'espace? Expliquez.

   _____

   _____

2. Aimeriez-vous faire du tourisme spatial?

   _____

   _____

3. Pensez-vous qu'on puisse aller visiter un jour des planètes d'autres systèmes solaires? Pourquoi?

   _____

   _____

Leçon 8

Dylan, dix ans plus tard Si Dylan avait 22 ans aujourd'hui, que ferait-il? Serait-il à l'université? Travaillerait-il? Jouerait-il toujours au football? Imaginez son avenir, en cinq ou six lignes. Utilisez le conditionnel.

_____

_____

_____

_____

_____

_____

_____

Video Activities

Leçon 9

Avant et après Regardez Mélanie sur ces deux images. Pourquoi a-t-elle l'air stressée sur la première image? A-t-elle l'air plus détendue sur la deuxième? Comparez et expliquez son attitude sur ces deux images, en cinq ou six lignes.

_____
_____
_____
_____
_____
_____
_____
_____
_____

Leçon 10

Un village abandonné En France, il existe des villages abandonnés, parce que leurs habitants sont partis vivre en ville. Que feriez-vous pour ressusciter un village? Décrivez votre plan d'action, en cinq ou six lignes et à l'aide des structures de la leçon.

_____
_____
_____
_____
_____
_____
_____
_____
_____